WESTEND

Michael Müller
Peter Brandt
Reiner Braun

Selbstvernichtung oder Gemeinsame Sicherheit

Unser Jahrzehnt der Extreme:
Ukraine-Krieg und Klimakrise

WESTEND

Mehr über unsere Autoren und Bücher:
www.westendverlag.de

Die Deutsche Nationalbibliothek verzeichnet diese Publikation in der Deutschen Nationalbibliografie; detaillierte bibliografische Daten sind im Internet über http://dnb.d-nb.de abrufbar.

FSC
www.fsc.org
MIX
Papier | Fördert gute Waldnutzung
FSC® C083411

ISBN: 978-3-86489-389-6

Umschlaggestaltung: Buchgut, Berlin
Satz: Publikations Atelier, Dreieich
Druck und Bindung: CPI – Clausen & Bosse, Leck
Printed in Germany

»Es gilt sich gegen den Strom zu stellen, wenn dieser sich wieder einmal ein falsches Bett zu graben versuchte.«

Willy Brandt

Inhalt

Einleitung

In der Nacht zum 24. Februar 2022 befahl der russische Präsident Wladimir Putin den Angriff auf die Ukraine. Der erste große Krieg des 21. Jahrhunderts auf dem europäischen Kontinent, der unter dem Atomschirm Russlands stattfindet. Zumindest anfangs war die Ukraine bei den Streitkräften zahlenmäßig überlegen, während bei Russland von einer anhaltenden Luftüberlegenheit und hohen Feuerkraft auszugehen ist. Die Erwartung Moskaus, die Ukraine schnell zu besiegen, hat sich nicht erfüllt, stattdessen entwickelte sich ein schrecklicher Stellungs- und Zermürbungskrieg. Zivilisten werden Opfer von Kriegsverbrechen. Der Krieg hinterlässt tiefe Spuren der Zerstörung und Verletzung. Internationale Einschätzungen sehen die Chancen für einen Waffenstillstand erst für das Ende des Jahres 2022 oder gar Anfang 2023. Doch, das steht schon fest, es kann keinen Gewinner geben, nur ein in weiten Teilen zerstörtes Land voller Trauer, Hass und Wut seiner Bewohner.

Der Krieg hat eine längere und komplizierte Vorgeschichte, sowohl national als auch international. Die Ukraine ist kein längerfristig gefestigtes Staatswesen, sondern ein Land mit höchst unterschiedlichen Ausrichtungen, Bindungen und Hoffnungen. Es hat eine komplexe Geschichte und eine polyethnische Zusammensetzung der Bevölkerung. Beides ist eng mit Russland verbunden, was in der vorherrschenden Berichterstattung meist verdrängt wird. Diese Verflechtungen und die strategische Bedeutung des Landes für Nahrungsmittel und als Brücke zwischen Ost und West sowie die Fehler und Enttäuschungen nach dem historischen Jahr 1989 gehören dazu, den Krieg und seine Wucht zu verstehen. »Verstehen« heißt dabei nicht im emphatischen Sinne dafür »Verständnis zu haben«, was Putin anrichtet und welche Folgen das für die beiden Länder und die Ordnung der Welt hat. Politiker sollten nicht für ihre Entrüstungsbereitschaft gewählt werden, sondern für ihre Fähigkeit, komplexe Zusammenhänge zu erkennen, Spielräume realistisch zu bewerten und Lösungen zu entwickeln, die in Europa auch über das Regime Putin hinausweisen. Nichts wäre schlimmer als auf Dauer eine Feindschaft Deutschlands mit Russland, dem größten bzw. ressourcenreichsten Land Europas.

Der Konflikt zwischen Ost und West lebte nach den historischen Jahren 1989–1991, als die Zweiteilung der Welt zu Ende ging, die Sowjetunion auf Russland reduziert wurde und deutlich an Einfluss verlor, in der Ukraine neu auf. Er wurde mit der Maidan-Revolution von 2013/2014 zugespitzt, als es nach der letztendlichen Ablehnung des EU-Assoziierungsantrages durch das zweite Kabinett Mykola Asarow (Partei der Regionen) vom 29.11.2013 bis Februar 2014 vor allem in Kiew zu prowestlichen Massenprotesten auf dem Platz der Unabhängigkeit (Euromaidan) kam. Dabei gewannen auch rechtsnationalistische Kräfte einen Einfluss, und die Bewegung wurde von westlichen Organisationen in einem erheblichen Ausmaß unterstützt. Die Forderungen der Demonstranten waren die Amtsenthebung von Präsident Wiktor Janukowytsch, eine vorzeitige Präsidentschaftswahl und die Unterzeichnung des ausgehandelten EU-Vertrages.

Im Dezember 2013 intensivierten sich die Proteste. Am 08.12. demonstrierten bis zu eine Million Menschen auf dem Maidan. Die Spezialeinheit »Berkut« reagierte mit brutalen Einsätzen. Am 18. Februar 2014 spitzte sich der Konflikt weiter zu, mehr als 100 Todesopfer wurden beklagt. Der Präsident flüchtete nach Russland, die Regierung trat zurück. Gegen die Verfassung und auch entgegen einer Vereinbarung westlicher Außenminister wurde durch Intervention der USA eine neue Staatsspitze eingesetzt. Oleksandr Turtschynow wurde Übergangspräsident, Arsenij Jazenjuk bildete eine Übergangsregierung, der auch Vertreter von »Swoboda« angehörten, einer nationalistischen, rechtsradikalen Partei. Die Diskriminierung linker oppositioneller Kräfte nahm zu. Gleichzeitig verlor Russland deutlich an Einfluss in der Ukraine.

Ende Februar 2014 reagierte Russland auf die wachsenden Proteste der lokalen, überwiegend russischen Bevölkerung in der Ostukraine und der Krim gegen den Maidan in Kiew mit der völkerrechtswidrigen Annexion der Krim. Bewaffnete Kräfte besetzten das Regionalparlament und drückten ein Referendum durch, bei dem sich nach offiziellen Angaben 96 Prozent der Bevölkerung der Krim für einen Beitritt zur Russischen Föderation aussprachen, die dann am 21.03.2014 erfolgte. In den beiden östlichen Oblasten der Ukraine Donezk und Luhansk nahm die Gewalt zu, es begannen bewaffnete Konflikte.

2014 endete also die »Schaukelpolitik« der Ukraine zwischen Ost und West, immer deutlicher bildete sich die klare Orientierung auf den Westen heraus. Doch es blieb die innere Spaltung zwischen dem Norden und Westen des Landes gegen den stärker russisch orientierten Süden und Osten bestehen. Die Situation wurde auch geprägt von den divergierenden Interessen der Oligarchengruppen und einem hohen Ausmaß an Korruption.

In einem Beitrag für die *Washington Post* befürchtete Ex-US-Außenminister Henry Kissinger bereits 2014 die kommende Eskalation:

> »Viel zu oft wurde die ukrainische Frage als Showdown dargestellt, ob sich die Ukraine dem Osten oder dem Westen anschließt. Doch wenn die Ukraine überleben und gedeihen soll, darf sie nicht der Vorposten der einen Seite gegen die andere sein – sie sollte als Brücke zwischen beiden Seiten fungieren.«[1]

Und weiter heißt es:

> »Der Westen muss verstehen, dass die Ukraine für Russland niemals nur ein fremdes Land sein kann. Die russische Geschichte begann in der sogenannten Kiewer Rus. Von dort aus begann die russische Religion. Große Teile der Ukraine waren seit Jahrhunderten Teil Russlands und die Geschichte der beiden Länder war schon vorher miteinander verflochten.«[2]

Seit 1990 breiteten sich EU und NATO immer weiter nach Osten aus, aus eigenen Interessen der früheren Ostblock-Länder, aber auch ermutigt von den USA insbesondere unter der Präsidentschaft von George H. W. Bush. Die alten Einflusszonen, die sich nach 1945 in Europa gebildet hatten und bis 1989 eine prekäre Stabilität zwischen Ost und West garantierten, verschoben sich. 1991 wurden der »Warschauer Vertrag für den militärischen Beistand« und der »Rat für gegenseitige Wirtschaftshilfe« (RGW) aufgelöst. Eine gesamteuropäische Friedensordnung wurde möglich, aber in Washington nicht gewollt.

Die Chancen für ein »Gemeinsames Haus Europa«, die sich 1990 im Schlussdokument der »Konferenz für Sicherheit und Zusammenarbeit in Europa« (KSZE), der *Charta von Paris für ein neues Europa*[3], aufzutun schienen, haben sich schnell wieder zerschlagen. Die USA wollten keine neue paneuropäische Sicherheitsordnung unter Beteiligung Russlands, die EU allein war zu einer Verständigung nicht fähig, einige der Mitgliedsstaaten (Polen und die baltischen Staaten) wollten sie auch nicht. Damals warb vor allem der deutsche Außenminister Hans-Dietrich Genscher für die Vertiefung der Friedens- und Entspannungspolitik mit Russland.

Die beiden Minsker Abkommen für eine Befriedung der Ukraine scheiterten, wurden selbst von großen Teilen der Ukraine nicht gewollt. »Minsk I« war die Zusammenfassung der trilateralen Verhandlungsgruppe (bestehend aus Russland, der Ukraine und der OSZE) über einen Friedensplan von Wladimir Putin und dem damaligen ukrainischen Präsidenten Petro Poroschenko vom 05.09.2014. Doch bereits am 28.09. flammten die Kämpfe neu auf. »Minsk II« wurde unter deutsch-französischer Moderation (Angela Merkel und Francoise Hollande) am 12.02.2015 unterzeichnet. Am 21.02.2022 sah Putin die Abkommen als gescheitert an und erkannte die selbstproklamierten, international nicht legitimierten Volksrepubliken Donezk und Lugansk de facto an.

Auch der im Mai 2019 gewählte Präsident Wolodymyr Selenskyj konnte sein Wahlversprechen nicht erfüllen, Frieden mit Russland zu erreichen. Kompromissbereitschaft gab es beiderseits kaum. Die Ukraine blieb ein gespaltenes Land, das nicht kompromissfähig war. Erst durch den Krieg ist es paradoxerweise stärker zusammengerückt.

Natürlich ist das alles keine Rechtfertigung für Putins »Präventionskrieg«, wie er von russischen Militärexperten genannt wird, aber er kann nicht mit der hierzulande vorherrschenden Einbahnargumentation um den Autokraten Putin und seine »gelenkte Demokratie« erklärt werden. Die öffentliche Debatte kennt momentan nur den Zustand der berechtigten Empörung über den Krieg, thematisiert aber nicht die westliche Mitverantwortung für sein Zustandekommen.

Die Welt steht am Rande des Friedens. Nicht nur, weil es der erste große Krieg des 21. Jahrhunderts ist, der unter dem Atomschirm Russlands an der Grenze zur NATO stattfindet, deren Mitglieder die Ukraine wirtschaftlich und mit Waffen unterstützen. Die Wiederkehr der atomaren Doktrin der Abschreckung wird sichtbar, während der Einsatz immer schwererer Waffen lässt der Diplomatie keine Chance ließ. Und das alles in einer Zeit, in der sich die Welt in einem generell schlechten Zustand befindet. Negative Synergien mit unvorhersehbaren Folgen sind zu befürchten.

In Anlehnung an eine Formulierung des britischen Historikers Eric Hobsbawm droht der Welt ein »Jahrzehnt der Extreme«.[4] Eingeleitet wurde dieses 2020 durch die globale Pandemie von COVID-19, von der bisher weit über 600 Millionen Menschen betroffen wurden, brachte 2022 der Krieg in der Ukraine einen ersten

Höhe- oder Tiefpunkt und schon 2024 wird eine Konzentration von Treibhausgasen in der Troposphäre erreicht sein, die nach der Anpassungsfrist des Klimasystems unwiderruflich zu einer globalen Erwärmung um 1,5 Grad Celsius führen wird.

Bei der Erderwärmung rücken die befürchteten Kipppunkte im Erdsystem schnell näher. Die Entwicklung wird sich bei deren Erreichen rasant beschleunigen und kann völlig außer Kontrolle geraten.[5] Wenn die Welt nicht zu einem gemeinsamen Handeln findet, drohen künftig Kriege, die eng mit der globalen Klimakrise und erbitterten Verteilungskämpfen verbunden sein werden. Nie zuvor waren die Herausforderungen so gewaltig wie heute, lautet die Einschätzung der globalen Klimakrise in den *Human Development Reports* der Vereinten Nationen.[6]

Die Pandemie, der Krieg und die Klimakrise sind Brandbeschleuniger in Hinsicht auf die Unsicherheit, Spaltung und Ungleichheit der Welt. Die dabei heraufziehende Inflation gefährdet den Wohlstand und wirkt sich auf Heizung und Nahrungsmittel aus. Obwohl die Menschheit mehr denn je eine »Weltinnenpolitik«[7] braucht, um zu einer sozialen und ökologischen Gestaltung der Transformation zu kommen, erleben wir eine tiefe Spaltung der Welt. Statt Gemeinsamkeit und Vertrauensbildung wächst die Konfrontation. Die Gefahr einer Selbstvernichtung unserer Zivilisation nimmt zu.

Was wir brauchen, ist »Gemeinsame Sicherheit«[8] in erweiterter Form, die auch die nichtmilitärischen globalen Gefahren einbezieht. Der erste Schritt zu diesem Ziel wäre ein genereller international überwachter Waffenstillstand – nicht nur in der Ukraine, sondern auch in anderen Teilen der Welt, in denen Krieg geführt wird. Die Ukraine wie Europa insgesamt benötigen – in Anschluss an einen schnellstmöglichen Waffenstillstand – ernsthafte Verhandlungen über einen nachhaltigen Friedensprozess als Bestandteil einer umgreifenden europäischen Friedensordnung. Diese verlangt eine Absage der Ukraine an eine NATO-Mitgliedschaft, eine konföderative Reform der Verfassung und eine international abgesicherte Neutralität des Landes sowie eine gemeinsam ausgehandelte dauerhafte Lösung für den Donbass und die Krim. Das Ergebnis könnte ein »Helsinki 2« sein.

Eine solche europäische Friedensordnung kann zum Vorbild für eine nachhaltige und gemeinsame Zukunft auch in anderen Teilen der Welt werden. Von der Sprache des Militärs zur Sprache des Friedens: Dazu will dieses Buch einen Beitrag leisten – gegen die vorherrschende, oft selbstgefällige publizistische Behandlung des Ukraine-Kriegs. Es wendet sich gegen die Verengung der Debatte, die die Suche nach einer Friedenslösung erschwert.

Die Ukraine – Land zwischen Ost und West

Die Ukraine ist mit 603 700 km² nach Russland der flächenmäßig größte Staat Europas, in dem 42 bis 44 Millionen Menschen wohnen. Geografisch gesehen waren die weiten Ebenen der Ukraine immer schon von strategischem Interesse, als Brücke zwischen Ost und West und als Transportroute zwischen dem europäischen und asiatischen Kontinent.

Die Hauptstadt der Ukraine ist Kiew. Es liegt auf beiden Seiten des Dnjepr, der mit 2 201 Kilometern nach der Wolga und der Donau der drittlängste Fluss ist, der Europa durchzieht. Kiew ist berühmt für seine religiöse Architektur, seine weltlichen Denkmäler und seine Geschichtsmuseen. In Friedenszeiten lebten dort knapp drei Millionen Einwohner.

Das Land grenzt im Osten und Nordosten an Russland, im Norden an Belarus und im Südwesten an die Republik Moldau. Die Ukraine, Belarus und Russland gehen gleichermaßen auf das mittelalterliche Kiewer Reich (auch Altrussland) zurück. Anfang 1918 befand sich Kiew in den Händen der Roten Armee.

1919 wurde die Ukrainische Sozialistische Sowjetrepublik ausgerufen, die 1922 eines der Gründungsmitglieder der UdSSR war.

Seit 1954 gehört die Krim, eine Halbinsel zwischen dem nördlichen Schwarzen Meer und dem Asowschen Meer, zur Ukraine. Die größte Stadt der Krim ist Sewastopol, Heimathafen der russischen Schwarzmeerflotte. Nikita Chruschtschow, der Parteichef der KPdSU, der selbst aus Kalinowka in der Ukraine stammte, übergab die Krim anlässlich des 300-jährigen Jubiläums der Russisch-Ukrainischen Einheit. Viele Russen sehen das bis heute als Fehler an, zumal mehr als die Hälfte der Bevölkerung auf der Halbinsel russisch ist.

Das Donezbecken, kurz Donbass, ist ein großes Steinkohle- und Industriegebiet beiderseits der russisch-ukrainischen Grenze. In der Ukraine gehören dazu die Oblaste Donezk und Lugansk.

Seit der ukrainischen Unabhängigkeit von der Sowjetunion 1991 ist die Beziehung zwischen den beiden Ländern verfahren. Die Ukraine blieb trotz ihrer Unabhängigkeit wirtschaftlich und finanziell stark abhängig von Russland. Ihre Identität und die Wahrung ihrer Interessen suchte die Ukraine zwischen einer Westorientierung in Richtung EU und NATO und den historischen Bindungen an das östliche Nachbarland.

I. Krieg in der Ukraine – Aufriss und Einordung

»Krieg hat keine Grenze in sich.«
Carl von Clausewitz

Der russische Angriff auf die Ukraine wurde zu einem Krieg von geostrategischer Tragweite, der weit über Europa hinausreicht. Er hat sowohl eine komplexe Vorgeschichte als auch eine hochriskante Nachgeschichte und kann grundlegende Weichen für die Neuordnung der Welt stellen, bei der es zu neuen Blockbildungen kommt, auch von Russland mit China. Die westliche Welt hat nur wenig dazu beigetragen, dass es zu einer Welt der Zusammenarbeit und Nachhaltigkeit gekommen ist. Das rächt sich nun.

Ein Wendepunkt in Europa

In der Nacht auf den 24. Februar 2022 geschah das schwer Vorstellbare: Die Ukraine wurde auf Befehl von Wladimir Putin zum Opfer eines völkerrechtswidrigen Angriffskrieges. Es ist ein Krieg mit hoher geostrategischer Bedeutung in Europa, in dem fast das ganze Arsenal verfügbarer Kriegsmittel genutzt wird, auch Hyperschallraketen und Waffen mit künstlicher Intelligenz (Lancet-Dronen). Und dieser Krieg findet unter dem Atomschirm Russlands statt und beinhaltet die latente Gefahr, sogar eine atomare Katastrophe auszulösen.

Der Angriff, in Russland »Spezialoperation zur Entnazifizierung und Entwaffnung der Ukraine« genannt, ist mit nichts zu rechtfertigen. Die Ukrainer haben ihrerseits das Recht auf Selbstverteidigung. Aber die wichtigste Aufgabe im Krieg heißt Frieden schaffen, und diese Aufforderung richtet sich nicht nur an die Kriegsparteien, sondern auch an die übrigen europäischen Regierungen. Diese sollten sich verpflichtet fühlen, schnellstmöglich eine Lösung vorzuschlagen, die zu einem Ende des Krieges führt. Das wird immer mehr zur entscheidenden Frage für die Selbstbehauptung Europas. Während die Weiterführung des Krieges die (relative) politisch-strategische Eigenständigkeit der EU und ihrer Mitgliedsstaaten auf ein Minimum reduziert.

Die russische Armee und ihre Verbündeten zerstören die Ukraine, zertrümmern Städte und Dörfer, vernichten die Infrastruktur des Landes. Der Krieg tötet und verwundet Zehntausende Menschen, bringt Leid und Elend über das Land. Er erschüttert den ganzen Kontinent. Selbst die Weltordnung ist tangiert. Die Folgen werden gravierend sein. Sie gehen weit über die Ukraine hinaus, sie rufen Konflikte und Spaltungen hervor, die für Europa und die Weltgemeinschaft in der nächsten Zukunft prägend sein werden.

Der Welt drohen neue Spannungen zwischen dem Westen und Russland und weit darüber hinaus eine zunehmende Militarisierung der internationalen Politik, möglicherweise ein Kalter Krieg in neuer Form, dessen negative Folgen auf die Wirtschaft, die soziale Sicherheit und die Demokratie kaum auszumalen sind. Die USA, die EU, die NATO, die sich als »Sieger der Geschichte« verstanden haben, müssen neue Antworten geben. Antworten, die auf eine gemeinsame Sicherheit ausgerichtet sind.

Offenkundig scheint nämlich vergessen zu sein, dass die großen globalen Herausforderungen, die immer schneller auf die Menschheit zukommen, nur von der gesamten Weltgemeinschaft bewältigt werden können. Dabei geht es nicht nur um die globale Klimakrise, die wahrscheinlich größte Bedrohung für die Menschheit seit je, sondern um weitaus mehr. Die Welt kann sich keinen Krieg leisten.

Das Ukraine-Drama geschieht zu einer Zeit von tiefgreifenden Umbrüchen und externen Schocks, die von COVID-19 über den Zusammenbruch von wirtschaftlichen Lieferketten, sozialen Verwerfungen bis zu ökologischen Gefahren reichen, die in Tiefe und Komplexität völlig neuartig sind. Umso mehr fehlt unserer Zeit die historische Einordnung und Sichtweise.

Kriege haben auch immer eine Vorgeschichte – auch der Krieg in der Ukraine. Diese muss einbezogen und reflektiert werden, in aller Schärfe, ohne billige Vorurteile. Dazu Bundespräsident Frank-Walter Steinmeier: Der Krieg liegt in Putins Verantwortung, aber das darf nicht heißen, »dass wir nicht einiges zu überdenken haben, wo es unsererseits Fehler gegeben hat«.[1]

Der Ausgangspunkt ist die Entwicklung nach dem Zweiten Weltkrieg, als die Welt, vornehmlich Europa, in zwei Einflusszonen geteilt wurde: in den Westen unter der Führung der USA und den Osten unter der der Sowjetunion. Die Konfrontation zwischen zwei unterschiedlichen Gesellschaftsordnungen spitzte sich zum Kalten Krieg zu. Die Elbe wurde zur Grenze für die Ausdehnung des sowjetischen Einflusses und sollte es bleiben. Um diese Aufteilung zu sichern, wurde am 04.04.1949 die NATO gegründet und als Reaktion darauf am 14.05.1955 der Warschauer Pakt. Lord Hastings Ismay, erster Generalsekretär der NATO, nannte als Ziel des westlichen Verteidigungsbündnisses: »To keep the Americans in, the Russians out and the Germans down." (»Die Amerikaner drinnen, die Russen draußen und die Deutschen unten halten.«)

Der Kampf um Einflusszonen

Der amerikanischen wie der sowjetischen Führung ging es seitdem um die Bewahrung ihrer Einflusszonen, die sich nach 1990, also nach dem Ende der Ost-West-Konfrontation, drastisch zugunsten des Westens verschoben. Am 12.06.1991 wurde Boris Jelzin zum Präsidenten der Russischen Teilrepublik gewählt. Als Nachfolger von Michail Gorbatschow war er maßgeblich an der Auflösung der Sowjetunion beteiligt. Am 08.12.1991 wurde die »Belowescher Vereinbarung« beschlossen, die feststellt, dass die »Sowjetunion ihre Existenz beendet« habe. Die UdSSR wurde auf Russland reduziert, der Warschauer Pakt und der RGW wurden aufgelöst.

Tatsächlich sah sich der Westen als Sieger im Kampf der Systeme, der Osten hatte verloren, zu einer Selbstkritik schien es keinen Grund zu geben. Der englische Schriftsteller John Le-Carré beschrieb das in seinem Buch *Der heimliche Gefährte* in den Worten des fiktiven englischen Geheimdienstchefs George Smiley:

> »Wir haben gewonnen. Womöglich haben wir auch gar nicht gewonnen. Vielleicht haben die anderen bloß verloren. Vielleicht fangen unsere Schwierigkeiten erst an, nachdem die Fesseln des ideologischen Konflikts abgestreift sind.«[2]

Die Neuordnung Europas wurde nicht als Chance für eine neue partnerschaftliche Zusammenarbeit mit Russland gesehen. Die globalen Herausforderungen der zusammenwachsenden Welt wurden ignoriert, denn deren Bewältigung würde eine soziale und ökologische Umgestaltung von Wirtschaft und Gesellschaft notwendig machen, sie verlangt mehr Gemeinsamkeit und – nach den Worten von Carl-Friedrich von Weizsäcker – eine Weltinnenpolitik.[3]

Während der Westen nach 1990 stetig an Einfluss gewinnen konnte, ist Russland, das größte und rohstoffreichste Land der Erde, zurückgefallen. Die Gewichte haben sich verschoben. Vor diesem Hintergrund scheint der Krieg seitens Russlands von zwei Hauptmotiven angetrieben zu sein:

Zum einen die Wahrnehmung Moskaus von der Verwundbarkeit des Landes durch die NATO-Osterweiterung, was im Kreml grundlegende Fragen der Sicherheit aufwarf.

Und zum anderen der Wunsch der russischen Führung, zumindest einen Teil dessen wiederherzustellen, was durch den Zusammenbruch der Sowjetunion und des Ostblocks verloren gegangen war.

Auch in der UdSSR wurden nach 1990, als in dem Land faktisch alles auf den Kopf gestellt wurde, schwere Fehler gemacht. Das Land geriet ökonomisch und sozial in eine desolate Situation. Es entfernte sich politisch und gesellschaftlich weit von dem, was die Sowjetunion in ihrer Spätphase ausmachte. Russland wurde kapitalistisch und zunehmend autoritär regiert.

Das russische Parlament räumte Boris Jelzin im November 1991 dafür außerordentliche Vollmachten ein. Es kam zum Ende der Planwirtschaft, zur Freigabe der Preise und zu einer kapitalistischen Rosskur durch Liberalisierung und Privatisierung. Durch einen Inflationsschub stiegen die Preise für Alltagsgüter in kurzer Zeit auf das Achtzehnfache. Weite Teile der Bevölkerung erlitten einen sozialen Absturz, während die Privatisierung eine neue Oberschicht von Superreichen hervorbrachte, die Kaste der Oligarchen.

Jelzin verlor in der russischen Bevölkerung bald an Zustimmung und konnte sich nur mühsam im Amt halten. Unter seiner Regierung erodierte das zuvor stabile Verhältnis zwischen den drei großen staatlichen Machtblöcken, Partei, Militär und Geheimdienst. Die Partei löste sich im Anschluss an das Verbot auf, es entstand dann eine neue »kommunistische Partei« Russlands als eine der im Land bis heute existierenden politischen Formationen. Es blieben Geheimdienst und Militär. Russland wurde von einem etatistisch-kommunistischen System zu einer zentral gelenkten und überwachten Demokratie.

Im August 1999 ernannte Jelzin den damaligen Leiter des Föderalen Sicherheitsdienstes (FSB) Wladimir Putin zum russischen

Ministerpräsidenten. Knapp ein Jahr später, am 07.05.2000, wurde Putin zum Präsidenten der Russischen Föderation gewählt. Er stabilisierte die Verwaltungsstrukturen, konsolidierte die Wirtschaft, und es kam zu einem wirtschaftlichen Aufschwung. Das verschaffte ihm zusammen mit seinem selbstbewussten Auftreten und einer rigorosen »Terrorismusbekämpfung« eine hohe Popularität in der russischen Bevölkerung. Die »gelenkte Demokratie« nahm im Lauf seiner Regierungszeit zunehmend autoritäre Züge an und stützte sich auf eine nationalistische Großmachtideologie.

Zu Beginn seiner ersten Amtszeit schien Putin auf Vertrauensbildung und Kooperation mit den europäischen Staaten im »Gemeinsamen Haus Europa« zu setzen, insbesondere auf eine Zusammenarbeit mit Deutschland, das in der Entspannungspolitik in den 1960er- und 1970er-Jahren entscheidende Impulse gesetzt hatte.

1989/90 war in Europa eine Aufbruchsstimmung vorhanden gewesen. Ein Sondergipfel der Konferenz für Sicherheit und Zusammenarbeit in Europa (KSZE) in Paris beschloss die *Charta für ein neues Europa*, die von den europäischen Staaten sowie von den USA und Kanada unterzeichnet wurde. Die Charta deutete eine gesamteuropäische Sicherheitsordnung an, die Abrüstung und vertrauensbildende Zusammenarbeit versprach.[4] Sie lag auf der Linie des Konzepts der »Gemeinsamen Sicherheit«, die die von dem schwedischen Ministerpräsidenten Olof Palme geleitete Kommission 1982 der UN-Generalversammlung vorgelegt hatte.[5]

Vorbehalte und anhaltender Widerstand gingen allerdings von den USA aus, die keine »Europäisierung« der Friedens- und Sicherheitspolitik, sondern ihren dominanten Einfluss in Europa, der »strategischen Gegenküste«, behalten und ausbauen wollten. Die *Charta von Paris* blieb Papier, ihre Umsetzung hätte die Chance für eine europäische Selbstbehauptung in der Welt unter Einschluss Russlands eröffnet. Diese Hoffnung wurde enttäuscht, die Friedens- und Entspannungspolitik geriet in den 1990er-Jahren in den Hintergrund.

Dabei erhielt Putin noch am 25. September 2001 im Deutschen Bundestag große Zustimmung für sein Bekenntnis zu einer europäischen Sicherheitsordnung:

> »Heute sind wir verpflichtet zu sagen, dass wir uns von unseren Stereotypen und Ambitionen trennen sollten, um die Sicherheit der Bevölkerung Europas und der ganzen Welt zu gewährleisten.«

Doch nach dem parteiübergreifenden Applaus kam eigentlich nichts mehr.

Putins Kurswechsel begann wahrscheinlich mit der zweiten NATO-Osterweiterung 2004, als Bulgarien, Estland, Lettland, Litauen, Rumänien, die Slowakei und Slowenien beitraten, ohne dass Russland in den Prozess in irgendeiner Weise einbezogen worden wäre. Die Annahme Russlands, dass die Ausweitung der NATO seine Sicherheit bedrohen würde, verstärkte sich in den folgenden Jahren. Natürlich haben souveräne Staaten das Recht, ihre politische Ausrichtung und Bündniszugehörigkeit frei zu bestimmen. Aber das durfte nicht beinhalten, die Sicherheitsinteressen Russlands zu missachten, desjenigen Landes, das die Deutsche Einheit und die Befreiung des östlichen Europa überhaupt erst möglich gemacht hatte. Russland wurde vom Westen nicht als gleichberechtigter Partner behandelt. Der 1997 gegründete NATO-Russland-Rat änderte daran nichts: Wenn es wichtig wurde, blieb der Westen unter sich.

Putin und mit ihm die meisten Russen wollten den Rückfall auf das Niveau »Regionalmacht« nicht akzeptieren. Ihr Selbstwertgefühl zielt auf die Wiederherstellung des Status als Weltmacht ab. Sie erwarteten Anerkennung, auch für ihre historische Rolle, insbesondere für ihre Bereitschaft, den alten Ost-West-Konflikt beendet und die deutsche Einheit möglich gemacht zu haben. Sie wollten echte Mitsprache über das, was in Europa geschieht.

2007 übte Putin auf der Münchner Sicherheitskonferenz deutliche Kritik an der aus seiner Sicht falschen Entwicklung, als er in Richtung USA und NATO sagte: »Ich denke, dass für die heutige Welt das monopolare Modell nicht nur ungeeignet, sondern überhaupt unmöglich ist.«[6]

Seine Rede wurde als Abfuhr und Drohung empfunden; die Warnung nicht beachtet. Es ging einfach weiter. Der Beitritt der mittel- und osteuropäischen Länder in die Europäische Union verlief nahezu synchron mit der Osterweiterung der NATO, die heute 15- bis 18-fach höhere Militärausgaben hat als Russland, und bereitete diese faktisch vor.

Viele grundlegende Wahrheiten sind in den letzten Jahrzehnten in Vergessenheit geraten. Das Bewusstsein von der Brutalität des Zweiten Weltkrieges ist verblasst. Nach 1990 waren zwischenstaatliche Kriege (meist sogenannte Aufstandskriege) von einem ausgeprägten Machtungleichgewicht gekennzeichnet, daran orientiert wurden auch die Militärstrategien Russlands und der USA neu ausgerichtet. Nun aber ist wieder Krieg in einem Land Europas und stellt die Armeen wieder vor Herausforderungen der Landes- und Bündnisverteidigung.

Der Krieg berührt indessen nicht nur Europa, sondern auch andere, vor allem die ärmsten Regionen der Welt. Die Energiekosten verteuern sich, Nahrungsmittel werden knapp. Die Inflation steigt. Transportwege und Lieferketten werden unsicher. Der Krieg wird zum Brandbeschleuniger für die soziale Spaltung der Welt.

Das erneute Rendezvous mit dem Schicksal

Der Krieg beschleunigt zugleich die Auseinandersetzungen um eine Neuordnung der Welt. Und diese geschieht durch den Krieg anders, als die USA sich das in ihrem Dominanzstreben vorstellen. China und eventuell Indien steigen zu neuen Weltmächten auf, vielleicht sogar zu den Führungsmächten eines neuen Blocks, der dem Westen den Rang abläuft, neue Unabhängigkeit beweisen will und vielleicht auch noch enger mit Russland zusammenarbeitet als früher.

Wohin sich die USA entwickeln, ist namentlich seit der Regierung von Donald Trump, der ein tief gespaltenes und nationalformiertes Amerika hinterlassen hat, unklar – trotz Joe Bidens Wahlerfolg. Nicht nur in den USA, sondern generell nehmen nationalistische Gesinnungen und autoritäre Politik zu. Aber Letztere ist unfähig, die globalen Krisenkaskaden zu stoppen. Eine soziale und ökologische Gestaltung der Welt, die dringend notwendig ist, um die Klimakrise zu stoppen, ist so nicht möglich.

Die Entwicklung ist in einer Schlüsselsituation. Der 32. US-Präsident Franklin Delano Roosevelt nannte diese seltenen Situationen, an denen die Menschen Zeuge oder Mitbeteiligte eines Umbruchs von historischem Ausmaß sind, ein »Rendezvous mit dem Schicksal«. Das war in seiner Amtszeit so, als der New Deal den Weg zum Wohlfahrtsstaat öffnete, während es in Deutschland zum Faschismus kam. Und das war 1990 so, als am Ende der Regierungszeit von Michail Gorbatschow die Teilung Europas beendet wurde. Nun erleben wir erneut eine Schlüsselsituation, diesmal in einem globalen Zusammenhang und mit höchst ungewissem Ausgang.

Um eine Antwort darauf geben zu können, wie sich die kapitalistisch dominierte Welt in die Grenzen des Erdsystems einfügt und die Chancen und Lasten des Umbaus gerecht verteilt werden, muss die Tragweite der Herausforderungen erkannt werden. Deshalb müssen wir unter die Oberfläche der Ereignisse schauen und ihre Zusammenhänge erkennen. Notwendig ist die Wiederentdeckung der utopischen Dimension des Denkens für die Vision eines humanen Fortschritts. Diese Aufgabe betrifft alle Länder der Welt.

Die Wahl, die wir haben, lautet: Entweder kommt es zur Selbstvernichtung der Menschheit oder zur gemeinsamen Gestaltung der Zukunft. Die Grundideen für eine gute Zukunft liefern die drei unabhängigen UN-Berichte aus den 1980er-Jahren: *Gemeinsames Überleben* (1980), *Gemeinsame Sicherheit* (1982) und *Gemeinsame Zukunft* (1987). Sie müssen wieder aufgegriffen und angepasst werden, denn sie sind das Navigationsmittel, um die Welt aus den Krisen herauszuführen.

Der Krieg wird keinen Sieger haben

Während dieser Text geschrieben wird, sterben täglich Ukrainer und Russen im Krieg. Ihre Familien, Angehörigen und Freunde trauern um die Toten und Verletzten. Mütter, Kinder, Jugendliche, alte Männer und Frauen sind fassungslos, was mit ihrem Land geschieht. Die russische Führung hat die Ukraine ins Unglück gestürzt, aber auch in Russland haben viele Menschen tote oder verletzte Angehörige.

Das Schreckensszenario kann noch schlimmer werden, denn der Krieg droht lange zu dauern und geographisch zu eskalieren. Das Ergebnis kann eine längere Periode kalter militärischer Konfrontation in Europa sein, zu Lasten vieler sozialer und ökologischer Aufgaben, die dringend bewältigt werden müssen. Selbst ein atomares Inferno kann nicht ausgeschlossen werden. Kriege haben nämlich eine innere Dynamik der Eskalation. Auch deshalb muss der Ukraine-Krieg schnell gestoppt werden.

Selbst wenn Russland sich militärisch durchsetzen wird – was angesichts der Überlegenheit der russischen Armee trotz des massiven ukrainischen Widerstands zu befürchten ist – wäre es ein Pyrrhussieg. Putin würde ein zerstörtes Land erobern, mit einem tief verletzten Volk, das mit antirussischen Ressentiments aufgeladen ist – zumal auch der Anteil der russischen Bevölkerung, der sich auf den östlichen und südlichen Teil der Ukraine konzentriert und prorussisch eingestellt ist, in den letzten Jahren zurückgegangen ist. Rund 700 000 Russen sind aus der Ukraine nach Russland emigriert.

Putin bietet der Ukraine Unfreiheit, Stagnation und Zerstörung. Deshalb muss alles getan werden, den Krieg zu beenden, die Schäden zu begrenzen und Leben zu schützen. Die Mittel der Diplomatie müssen in den Vordergrund gestellt werden. Der Krieg in der Ukraine ist vor allem eine europäische Herausforderung. Die EU muss schnell handeln, denn Russland ist der Ukraine logistisch im Vorteil und hat die Luftherrschaft und größere Feuerkraft im Kriegsgebiet. Zudem hat Russland die Eskalationsdominanz auf seiner Seite, worauf der Berater der früheren Bundeskanzlerin Angela Merkel, Brigadegeneral a. D. Erich Vad hinweist. Deshalb sei bald ein Ende des russischen Interesses an Verhandlungen zu befürchten.[7]

Zermürbungskrieg statt schneller Sieg

Moskau glaubte zu Beginn des Krieges an einen schnellen Sieg seiner überlegenen Armee, auch mit Hilfe der russischen Bevölkerung im Osten und Südosten des Landes. Dieses Kalkül ging nicht auf.

Streitkräfte Russlands
Die Streitkräfte der Russischen Föderation bestehen aus drei Teilstreitkräften:

- Landstreitkräften (Heer),
- Luft- und Weltraumkräft,en
- Seestreitkräften,

sowie aus zwei selbstständigen Truppenverbänden:

- strategische Raketentruppen,
- Luftlandetruppen.

Oberbefehlshaber ist Präsident Wladimir Putin. Das Militärbudget liegt bei 65,7 Mrd. US-Dollar und ist damit das vierthöchste der Welt. Theoretisch gibt es 1014 000 aktive Soldaten und 2 000 000 Reservisten von denen derzeit weitere 137000 für die Armee rekrutiert werden. Allerdings sind erhebliche Defizite in der Ausrüstung zu verzeichnen. Für 18- bis 27-jährige Russen gilt eine zwölfmonatige Wehrpflicht. Russland ist zusammen mit den USA eine der beiden stärksten Atommächte.

Seit dem Jahr 2000 verfolgt Putin das Ziel, das russische Militär zu modernisieren.

Streitkräfte der Ukraine

Die Streitkräfte der Ukraine bestehen aus:

- Landstreitkräften,
- Seestreitkräften,
- Luftstreitkräften,

sowie den strategische Spezialkräften:

- Luftlandetruppen,
- Kräfte für Spezialoperationen.

Oberbefehlshaber ist Präsident Wolodymyr Selenskyj. Die Ukraine hatte zu Beginn des Krieges 245 000 bis 340 000 Soldaten und 900 000 Reservisten. Es besteht eine zwölfmonatige Wehrpflicht. Zudem gibt es 102 000 paramilitärische Kräfte.

Seit 2014 bekam die Ukraine Waffenlieferungen im Wert von mindestens 51 Milliarden Dollar, die Streitkräfte wurden personell verstärkt, neu gegliedert und modernisiert. Mit Beginn des Krieges wurden die westlichen Waffenlieferungen stark ausgeweitet.

An den dem Krieg vorausgegangenen russischen Truppenübungen an den ukrainischen Grenzen waren nach unabhängigen Schätzungen 135 000 Soldaten beteiligt (davon 112 000 Mann Bodentruppen, Luftwaffe und Marine), im Februar 2020 waren es schon 150 000, zu Kriegsbeginn rund 167 000 Soldaten. Russland setzte mit rund 120 Gefechtsverbänden zwei Drittel der derzeit gefechtsbereiten Landstreitkräfte ein. Wehrpflichtige waren nicht beteiligt, auch gab es anfangs noch keine Teilmobilisierung weiterer Soldaten. Luftwaffe, Marine und Raketen- bzw. Artillerieeinheiten, die vom russischen Territorium aus operieren, sind in den Angaben nicht berücksichtigt.

Die Vorteile der russischen Armee sind die Luftwaffe, die zuletzt in Syrien viel Kampferfahrungen gesammelt hat, sowie die technische Ausstattung (Langstrecken-Präzisionswaffen, Artillerie, Marine und Marschflugkörper). Allerdings ist der Anteil einsatzbereiter Kampfflugzeuge begrenzt, zumal die Ukraine über ein dichtes Luftabwehrsystem verfügt.

Die Ukraine erhält seit 2014 Waffenlieferungen aus den USA, mittlerweile zudem aus weiteren NATO-Ländern. Die Boden- und Luftangriffstruppen der Ukraine hatten in Verbindung mit der Nationalgarde und den Grenztruppen bei Beginn des Krieges eine Stärke, die mit der der russischen Angreifer vergleichbar war, zahlenmäßig vermutlich sogar überlegen. Die Mobilisierung begann vor Ausbruch der Kampfhandlungen, sodass auf ukrainischer Seite geschätzt 700 000 Menschen im Kriegseinsatz beteiligt sind.

Die russischen Truppen wurden mit dem fadenscheinigen Befehl einer Übung der schnellen Truppenverlegung – zum Teil über 9 000 Kilometer von Standorten an der mongolischen und chinesischen Grenze – an die ukrainische Grenze und nach Weißrussland verlegt.[8] Sie waren zumindest anfangs auch aufgrund kommunikativer Mängel den Anforderungen des Krieges nur mühsam gewachsen. Der Krieg gegen einen zahlenmäßig überlegenen Gegner erwies sich als riskant. Trotz der klaren Luftüberlegenheit kamen die russischen Truppen nur langsam voran.

Das russische Mobilisierungskonzept ist schwerfällig, bis es volle Kampfbereitschaft erreicht, Reservisten eingezogen sind und eingelagertes Material einsatzbereit ist. In zwei Jahrzehnten (1996 bis 2015) hat Russland fünf Sicherheitsstrategien beschlossen. Die sechste kam Anfang Juli 2021 dazu. Darin wird die Verteidigung der nationalen Interessen bei der Abwehr von Bedrohungen, die direkt oder indirekt Russland schaden könnten, an die erste Stelle gesetzt.[9]

Die Auseinandersetzungen in der Ukraine trugen seit 2014 zu einer Verschiebung der strategischen Ausrichtung des russischen Militärs bei. Seitdem rückte die NATO wieder stärker in den Blick. Putin äußerte schon vorher mehrfach Kritik an der Vernachlässigung der Rüstungskontrollverhandlungen (INF, Open Sky und New-START). Russland lehnt den Ersteinsatz von Atomwaffen ab und erklärt, alles tun zu wollen, einen nuklearen Krieg zu verhindern.[10]

Die russischen Streitkräfte sind mit Ausnahme der Eliteeinheiten überwiegend eine »Armee der Armen«. Die Soldaten kommen vor allem aus sozial unteren Schichten, Söhne aus reichen Familien finden Wege, sich vom Militär »freizukaufen«. 2006 verkürzte Russland aus Kostengründen den Wehrdienst auf 18 Monate, 2008 dann auf 12 Monate. Nach Kriegsbeginn wurden auch Kämpfer aus Tschetschenien und Söldner aus Afrika eingesetzt. Nach den hohen Verlusten wurde die Strategie geändert und auf die Eroberung des Industrie- und Kohlereviers Donbass mit den beiden Oblasten Donezk und Luhansk sowie die östlichen Küstenbereiche der Schwarzmeerregion konzentriert.

Operation Täuschung

Der Krieg begann mit einer Täuschung. Wenige Tage vor Kriegsbeginn wies der russische Botschafter in Berlin, Sergej J. Netschajew, noch alle Kritik an der Truppenkonzentration an der ukrainischen Grenze zurück. Es ginge allein um das Recht eines souveränen Staates auf Militärübungen, Russland fühle sich durch die Raketenstationierung der NATO in Polen und Rumänien bedroht. Netschajew erklärte am 10.02.2022: »Wir wollen diesen Konflikt auf keinen Fall ausbrechen lassen. [...] Wir sind friedliche Leute und brauchen keinen Krieg mit unseren Nachbarn.«[11]

Die Wahrheit sah freilich anders aus. Die »Operation Irreführung« entlarvte Russland selbst, als am 01.02.2022 Videoaufnahmen die 36. Motorisierte Schützenbrigade, die normalerweise an der chinesischen Grenze stationiert ist, rund 40 Kilometer vor der Ukraine zeigten. In der weißrussischen Provinz Brjansk wurden Militärlager eingerichtet. Auf der Luftwaffenbasis Klimowo, die nur zwölf Kilometer von der ukrainischen Grenze entfernt ist, wurden Bataillonsgruppen der 90. Panzerdivision aus dem Ural stationiert. Auf die Krim wurden aus dem Nordkaukasus Teile der 58. Armee verlegt.

Doch laut dem russischen UN-Botschafter Wassili Nebensja wollte Moskau keinen Krieg. Mitte Februar 2022 erklärte er noch: »Ich kann das ausschließen.« Zu diesem Zeitpunkt hatte Russland bereits die Hälfte der verfügbaren Bodenkampftruppen an die ukrainische Grenze verlegt.

Schließlich erklärte Putin, dass Russland auf diplomatischem Weg keine Möglichkeit mehr sehe, sich Respekt für seine »roten Linien« zu verschaffen. Dimitri Medwedew, der bis 2020 Ministerpräsident der Russischen Föderation war, fügte hinzu, dass Russland kein Interesse mehr an folgenlosen Gesprächen im sogenannten Normandie-Format habe, um zu einer Entspannung der Lage zu kommen.

Zur Vorgeschichte des Krieges gehört nicht zuletzt die komplizierte innenpolitische Lage der Ukraine, insbesondere seit Ende des Jahres 2013. Im Zuge der Euromaidan-Bewegung 2013/2014 brach der Konflikt zwischen der EU und Russland, aber auch zwischen den unterschiedlichen Teilen der Ukraine offen zutage. Für einen großen Teil der Bevölkerung, vor allem im Westen des Landes und eher unter den Jüngeren, wurde die Europäische Union attraktiver, während Moskau, aber auch ein großer Teil der Menschen im Osten und im Süden ihre Region als einen natürlichen »Bruder« Russlands betrachtete. Die Maidan-Proteste wurden dort als Bedrohung gesehen. Es kam im Donbass zu gewaltsamen Auseinandersetzungen, zu international nicht anerkannten Referenden und zur einseitigen Ausrufung der Volksrepubliken Donezk und Luhansk. Kiew setzte eine Antiterroreinheit der ukrainischen Streitkräfte in den beiden Oblasten ein. Als im August 2014 die Lage der separatistischen Truppen aussichtslos war, griffen russische Truppen ein und fügten der ukrainischen Armee bei Ilowaisk hohe Verluste zu.[12]

Am 21. April 2019 gewann Wolodymyr Selenskyj die Wahl gegen Petro Poroschenko im zweiten Wahlgang mit rund 73,12 Prozent. Anders als frühere Präseidenten hatte er in allen Landesteilen Erfolg. Er hatte zuvor einen in vielen Fragen vagen Wahlkampf geführt, in zwei wichtigen Fragen aber klare Aussagen gemacht, der Bekämpfung der Korruption und einer Beendigung des Krieges in der Ostukraine. Doch er kam damit nicht wesentlich voran. In der Ukraine war der Widerstand gegen die Minsker Abkommen groß.

Der Krieg verläuft nicht nur für die Ukraine, sondern auch für die russische Führung verheerend, die moralisch und ethisch nicht vor dem Überfall zurückgeschreckt ist. Das Kriegsvölkerrecht wird ständig missachtet. Die NATO-Osterweiterung hat für Putin ein unerträgliches Spannungsverhältnis aufgebaut, seine Einstellung zum Einsatz von Gewalt und sein imperiales Verständnis von Politik haben daraus die Bereitschaft zum Krieg gemacht. Putin hat jedoch die Ukraine in ihrer Widerstandskraft ebenso unterschätzt wie deren Präsidenten Selenskyj, der seit Kriegsbeginn das Internet virtuos nutzt.

Russland wurde von den westlichen Staaten mit zahlreichen Sanktionen belegt. Der Londoner Wirtschaftshistoriker Adam Tooze bewertete die Sanktionierung der russischen Zentralbank als den schärfsten »Angriff auf die russischen Krisenreserven«. Er befürchtete, dass schon dieser Schritt eine höchst gefährliche

Eskalation auslösen könnte, weil Russland seine Reserven nicht mehr repatriieren könnte. Bisher wurde nur der Iran, der nicht über Atomwaffen verfügt, in dieser Form sanktioniert.[13] Fast beruhigend war es da, von US-Militärs zu hören, dass die USA mit Russland nicht in einen direkten Konflikt gehen dürften. Eine Flugverbotszone der NATO über der Ukraine, die auch einige Politiker in Deutschland fordern, wäre eine Kriegserklärung an Russland gewesen – der Bruch einer ungeschriebenen Regel, die seit den Atombombenabwürfen auf Hiroshima und Nagasaki von den Atommächten eingehalten werden.

Zeitenwende

Der Krieg hat den bisherigen bundesdeutschen Konsens aufgelöst. Deutschland liefert jetzt Waffen in ein Kriegsgebiet und erhöht drastisch den Militäretat. Sollten Bundestag und Bundesregierung die von Bundeskanzler Olaf Scholz als »Zeitenwende« angekündigten Maßnahmen umsetzen, die Ausgaben für die Bundeswehr dauerhaft auf mindestens zwei Prozent des Bruttoinlandsprodukts zu erhöhen und ein 100 Milliarden Euro schweres Sonderprogramm aufzulegen, rückte Deutschland in der Rangliste der weltweiten Militärausgaben, je nach wirtschaftlicher Entwicklung, auf Platz drei oder vier vor. Einige Parteien im Bundestag verlangen noch mehr. Das wäre der höchste Militäretat in Europa, Deutschland allein läge damit deutlich vor Russland. Welches strategische Ziel steckt dahinter? Soll Deutschland politisch und militärisch so stark werden, dass es damit zur europäischen Führungsmacht wird? Mit Erwartungen, die weit über das hinausgehen, was bisher zum Grundkonsens gehörte und was unser Land bisher aus historischen wie politischen Gründen nicht zu leisten bereit war?

Übersicht über die Militärausgaben 2021[14]
Die Militärausgaben sind im Jahr 2021 weltweit um 0,7 Prozent auf 2 113 Milliarden US-Dollar gestiegen. Allein auf die ersten zehn Länder entfallen dabei 74,97 Prozent der weltweiten Militärausgaben.

Nr. 1 USA, auf die mehr als zwei Fünftel der globalen Militärausgaben entfallen
Nr. 2 China
Nr. 3 Indien
Nr. 4 Großbritannien
Nr. 5 Russland
Nr. 6 Frankreich
Nr. 7 Deutschland, das 2019 und 2020 den jeweils höchsten Zuwachs der ersten 15 Staaten hatte
Nr. 8 Saudi-Arabien
Nr. 9 Japan
Nr. 10 Südkorea

Mit dem Krieg gerät vieles, was lange Zeit gesichert schien, aus den Fugen. Die Kategorien der Bewertungen stimmen nicht mehr. Der Liberale Alexander Graf Lambsdorff diffamierte die Friedensbewegung anlässlich der Ostermärsche als »Fünfte Kolonne Moskaus, politisch und militärisch«. Sie schütze »die Mörder und Vergewaltiger von Butscha, Irpin und Mariupol«, während der Graf die Lieferung schwerer Waffen zur Friedenspolitik verklärt.

Es herrscht nicht nur in der öffentlichen Debatte ein lähmender und einschüchternder Meinungskonformismus vor, der kritische Reflexion kaum zulässt, der Diskurs ist zudem eine Kampagne voller Vorurteile, die große Segmente des öffentlichen Lebens im Westen in Kriegsrausch versetzt haben. US-Präsident Joe Biden ließ sich in Warschau sogar dazu hinreißen, einen »Regime Change« in Moskau zu fordern.[15] Soll etwa die NATO Putin stürzen?

Appelle an die Vernunft bleiben ungehört

Theodor W. Adorno stellte in der *Minima Moralia. Reflexionen aus dem beschädigten Leben* fest: »Es gibt kein gutes Leben im Falschen.«[16] Krieg ist immer falsch und nicht zu akzeptieren, erst recht im Atomzeitalter. Man muss im Krieg, so auch die Schlussfolgerung des Kulturphilosophen Alexander Kluge, nur eines lernen: Frieden schaffen.[17] Aber Europa zeigt sich bislang unfähig, eine Friedensperspektive zu entwickeln.

Helmut Schmidt, der wahrlich nicht als Gegner von Abschreckung auch durch Aufrüstung bekannt wurde, war überzeugt: »Lieber 100 Stunden umsonst verhandeln als eine Minute schießen.«[18] Ein Satz, der bis heute nicht an Bedeutung verloren hat, genau wie Willy Brandts Mahnung: »Ich möchte, dass wir von dem Wahnsinn des Wettrüstens wegkommen.«

Bei den Fragen von Krieg und Gewalt dürfen wir jedoch nicht nur die Ukraine sehen. Sie berührt uns momentan besonders, doch es finden Kampfhandlungen auf fünf Kontinenten statt, einige schon seit mehr als zehn Jahren. Es gibt sogar Kriege, in denen vor dem Einsatz chemischer oder biologischer Waffen nicht zurückgeschreckt wird. Weltweit sind 274 Millionen Menschen vertrieben, auf der Flucht oder in Krisengebieten auf humanitäre Hilfe angewiesen, unter anderem in Afghanistan, Äthiopien, Jemen, Libyen, Sudan, Äthiopien, Kongo, Myanmar und Syrien. Die Welt wird insbesondere in Asien und Afrika durch Krieg, Vertreibung und Umweltzerstörung zu »einem Planeten der Slums« (Mike Davies), auf dem eine neue Klasse der »Heimatlosen« entsteht.[19]

Weitere kriegerische Konflikte drohen. China erhöht den Druck auf Taiwan. Im südchinesischen Meer kommt es zu einer starken Konzentration von Streitkräften. Was ist, wenn China den diplomatisch auch von Deutschland nicht anerkannten Inselstaat Taiwan angreift? Die Reaktion Pekings auf den Besuch von Nancy

Pelosi, der Sprecherin des US-Repräsentanten, in Taipeh lässt erahnen, welcher Konflikt sich dort anbahnt. Was machen dann die USA, die den Schutz von Taiwan garantieren? Rufen sie die NATO-Länder um Hilfe an? Werden dann auch die Situation der Uiguren, die Disziplinierung der Bevölkerung Hongkongs und generell der chinesische Unterdrückungsstaat unter öffentlichen Druck Gegenstand von Interventionen?

Viele weitere Fragen stellen sich: Wie reagieren die westlichen Industriestaaten auf die Herstellung von Batterien für E-Autos aus China, die auf der Basis von Kohlestrom produziert werden? Was passiert auf dem Textilmarkt, auf dem fast 50 Prozent aus dem großen ostasiatischen Land stammen? China ist nicht mehr nur die Werkbank der Welt, sondern spielt auch längst technologisch eine wichtige Rolle. Was bedeutet das für die Abhängigkeit der westlichen Industrieländer? Droht ein politisch begründeter Lockdown? Wird der Westen bei einem Angriff auf Taiwan auch China, das bevölkerungsreichste Land der Erde, zu isolieren versuchen?

In vielen Regionen der Welt gibt es in unterschiedlichem Maß Menschenrechtsverletzungen, auch in den USA. In Europa ist Belarus längst zu einem Problem von internationalem Ausmaß geworden. Was droht, wenn es nicht mehr zu Verständigung kommt? Wie können die großen Aufgaben Klimakrise und Ressourcenschutz dann überhaupt noch bewältigt werden?

Ein konventioneller Krieg unter dem Atomschirm Russlands

Der Ukraine-Krieg hat eine qualitativ neue Dimension, weil er unmittelbar mit der zweitstärksten Atommacht der Welt verbunden ist. Nach Angaben des schwedischen Friedensforschungsinstituts SIPRI verfügt Russland über 6 255 Atomwaffen, von denen fast 1 600 einsatzbereit sind. Weltweit werden rund 13 100 Atomsprengköpfe gezählt, 3 825 davon könnten sofort eingesetzt werden. Russland, die USA und China stocken ihre Arsenale auf und modernisieren ihre atomaren Waffensysteme.

Die Bereitschaft zum Abbau der Atomwaffen ist erst einmal vorbei. Der Rückfall in das alte Freund-Fein-Denken ist erschreckend, als hätten wir nichts gelernt. Bei SIPRI heißt es dazu: »Sowohl Russland als auch die USA scheinen die Bedeutung, die sie den Atomwaffen […] beimessen, zu erhöhen.«[20] USA, Russland und China, deren Interessen im Ukraine-Krieg unmittelbar oder mittelbar berührt sind, verfügen über 90 Prozent der atomaren Sprengköpfe der Welt. Beunruhigend sind die Gedankenspiele einzelner Militärstrategen, auch in der NATO-Zentrale, dass miniaturisierte Atomwaffen einen Krieg gewinnbar machen könnten. Ein derartiger Krieg wäre nicht zu stoppen, egal ob er gewollt oder ungewollt in Gang gesetzt werden würde. Und im digitalen Zeitalter ist auch eine Manipulation von Atomsystemen denkbar. Russland verfügt über erste Hyperschallraketen, die die bisherigen Vorwarnzeiten zunichtemachen. Wahrscheinlich verfügen auch die USA über derartige Waffen.

Nach Albert Einstein hat »die Atombombe alles verändert, nur nicht das Denken der Menschen«. Die Welt braucht jedoch unbedingt ein neues Denken, das von der Verantwortung für das Überleben der Menschheit ausgeht, also von der Leitidee der Nachhaltigkeit.

Nach der Kubakrise von 1962, als die Welt am Rande eines Atomkrieges stand, gab es in Geheimverhandlungen vernünftige Absprachen über militärische Begrenzungen und eine gemeinsame Gefahrenabwehr. Zwischen dem amerikanischen Präsidenten und dem Generalsekretär der KPdSU wurde ein »rotes Telefon« eingerichtet. Dann folgte das Teststopp-Abkommen. Das waren erste Schritte für eine kooperative Sicherheitspolitik. Doch blieb die Grundideologie, gekennzeichnet durch Aufrüsten und Abschreckung, stets unangefochten.

Die globale Bedrohung nimmt inzwischen wieder zu. Es lässt sich nicht leugnen, dass wir uns heute in eine zunehmend gefährliche Zeit hineinbewegen. Insbesondere der für Europa so wichtige INF-Vertrag, der weltweit zur Verschrottung aller Mittelstrecken-Raketen (Reichweiten zwischen 500 und 5500 km) führte, wurde aufgekündigt. Rüstungskontrollverhandlungen kommen kaum noch voran. Neue militärische Großmächte wie China sind bisher nicht einmal in Verhandlungen einbezogen. Der Open-Sky-Vertrag wurde beendet.

Das alte Denken ist, wie Egon Bahr und Dieter S. Lutz feststellten, von der »Fähigkeit (bestimmt), Krieg führen und gewinnen zu können – obwohl ihn doch niemand mehr gewinnen kann«.[21] Auf dem NATO-Gipfel 2022 in Madrid wurde eine Erweiterung des Bündnisses gefordert. Und alle Mitgliedsländer sollen Waffen an die Ukraine liefern. Erich Vad warnt:

> »[E]twaige Lieferungen schwerer Waffen könnten unter den heutigen Bedingungen den Weg in den dritten Weltkrieg ebnen [...]. Wir machen im Augenblick sehr viel Kriegsrhetorik – aus guter gesinnungsethischer Absicht, [aber wir müssen] den Krieg vom möglichen Ende her (zu) denken.«[22]

Die Gefahr eines Atomschlages wird von westlichen Bellizisten, die zu einem Kreuzzug gegen das Böse aufrufen, verharmlost. Russland mit schweren Waffen zu bekämpfen, sei die moralische Pflicht des Westens, so ihr Credo. Russland müsse militärisch wie wirtschaftlich in die Knie gezwungen und seine Führung abgesetzt werden.

Das ist jedenfalls der Tenor in transatlantischen »Denkfabriken« – auch »Think Tanks« – abgeleitet von einem Denken in abgeschotteten Bunkern, weit weg von der Realität. Die *New York Times*, die wohl einflussreichste Zeitung der USA, keinesfalls ein Organ des Radikal-Pazifismus, forderte dagegen das Weiße Haus auf, alles zu tun, eine Ausweitung des Krieges zu stoppen: »Hass und Waffen werden keinen Frieden bringen.« Das eher liberale Blatt warnte vor einer Ausweitung des Krieges, der anderenfalls

»eine unvorhersehbare und potenziell eskalierende Richtung einschlagen« könne.[23]

In der *Washington Post* mahnte die Kolumnistin Katrina Vanden Heuvel:

> »Das oberste moralische Gebot lautet, den Krieg in der Ukraine zu stoppen. Denn angesichts der Fehleinschätzungen Putins über den erbitterten Widerstand der Ukrainer und die Hilfe und Bewaffnung durch die geeinte NATO ist wahrscheinlich, dass der Krieg immer brutaler und kostspieliger wird, der sich Block für Block durch die ukrainischen Städte und Ortschaften zieht.«[24]

15 Atomreaktoren in der Ukraine

Atomare Gefahren gehen akut hauptsächlich von den Atommeilern in der Ukraine aus. Im Land stehen 15 Druckwasserreaktoren an vier Standorten. Sie stellen eine erhebliche Gefahr dar, wenn es mit einem Ausfall der Reaktorkühlung zur Kernschmelze käme. Ein 1 000 Mega-Watt großes Atomkraftwerk enthält nach sechs Jahren Betriebsdauer die Radioaktivität von rund 6 000 detonierten Hiroshimabomben.

Russische Soldaten stürmten das Gelände des Atomkraftwerks Saporischschja, das mit seinen sechs Blöcken die größte AKW-Zentrale Europas ist. Gefechte fanden nur 250 Meter neben den Reaktoren statt. Zudem kam es zu Raketenbeschuss. Die Internationale Atomenergiebehörde äußerte große Besorgnis und sieht das »Risiko einer nuklearen Katastrophe«.

Besetzt wurde auch das stillgelegte Atomkraftwerk Tschernobyl, bei dem am 26.04.1986 der vierte Block implodiert und die bisher größte Katastrophe in der zivilen Nutzung der Atomenergie ausgelöst hatte. Bei dem Einsatz der russischen Truppen in der Geisterzone um die Kleinstadt Prypjat wühlte schweres Militärgerät den hochgradig verseuchten Boden auf und setzte beträchtliche

Mengen Radioaktivität frei. Die AKW haben für die Ukraine eine hohe energiepolitische Bedeutung, sie erzeugen über die Hälfte der Elektrizität.

Die Waffen nieder

Die Bewegung der Eskalationsspirale darf nicht weiter beschleunigt werden. Die Ukraine und Europa brauchen die Sprache für einen neuen Frieden und nicht die Sprache des Bellizismus. Die Alternativen sind: ein tief gespaltenes Europa und ein anhaltender grauenhafter Krieg, bei dem vor allem die Menschen in der Ukraine leiden und sterben müssen, oder der ernshafte Versuch, schnell zu einem Waffenstillstand und zu Friedensverhandlungen zu kommen.

Willy Brandt forderte im Dezember 1971 nach der Entgegennahme des Friedensnobelpreises in einem vielbeachteten Vortrag an der Osloer Universität:

> »Der Krieg darf kein Mittel der Politik sein. Es geht in unserer Zeit der heraufziehenden globalen Bedrohungen darum, Kriege abzuschaffen, nicht nur zu begrenzen. Kein nationales Interesse lässt sich heute noch von der Gesamtverantwortung für den Frieden trennen.«[25]

Ein gutes und friedliches Leben ist heute nicht zu trennen von der sozialen und ökologischen Gestaltung der Wirtschaft und von einer fairen Zusammenarbeit aller Staaten der Welt. Die großen Zukunftsaufgaben sind auf mehr Gemeinsamkeit angewiesen, auch mit Russland. Wie soll es zu einem globalen Klima- und Ressourcenschutz und zu einem schonenden Umgang mit den Naturgütern kommen, wenn das größte Land der Erde nicht beteiligt wird? Diese Aufgabe muss heute begonnen werden, denn viel Zeit wurde schon verloren, und sie wird uns noch beschäftigen, wenn von Putin keine Rede mehr sein wird.

Papst Franziskus hat in seiner Osterbotschaft am 17.04.2022 den »grausamen und sinnlosen Krieg in der Ukraine« verurteilt. »Die Menschen [brauchen] für den Frieden eine gemeinsame Zukunft.« Er habe sich geschämt, als er davon hörte, dass eine Reihe von Staaten immer mehr Geld für das Militär ausgeben und die Wehretats auf zwei Prozent ihrer Wirtschaftsleistung erhöhen wollte.[26] Dieses Geld wird schmerzlich fehlen, um die »sozialen und ökologischen Wunden unseres Planeten zu lindern«.[27]

Der Philosoph Michael Hirsch befürchtet, dass

> »schwere Krisen nicht zu einer Abkehr von den Denkweisen führen, die sie verursacht haben. [...] Anstatt das Bestehende als falsch zu kritisieren und zu verändern [...], droht sich die Grundstimmung intellektueller Arbeit zu wandeln – und mit ihr die herrschende Sprache.«

In der Folge könne es zu einer »Brutalisierung der Welt« kommen. Das »Eintreten für einen anderen Zustand der Welt erfordert nicht weniger, als das fast Unmögliche zu denken, um den Humanismus in einer katastrophischen Zeit zu retten«.[28]

Darum geht es: Frieden und Freiheit, Gerechtigkeit und Nachhaltigkeit durch Abrüstung und Zusammenarbeit zu sichern und die Transformation durch die Globalisierung der Märkte und die Digitalisierung der Welt, die heute alles verändern, sozial und ökologisch zu gestalten.

Der Krieg hat eine Vorgeschichte

In der Ukraine ist ein neues Kapitel von Krieg und Gewalt aufgeschlagen worden. Nötig ist eine genaue Sicht auf Ursachen und Zusammenhänge, denn die Geschichte ist kompliziert. Es geht um die kritische Analyse der Wirklichkeit. Das ist das Gegenteil eines »Regimes der kurzen Frist«, dass nur ein Hier und Jetzt kennt, sich von kurzfristigen Interessen leiten lässt und Macht ausübt oder ausüben lässt, ohne Verantwortung zu übernehmen.[29]

In der Vergangenheit hat sich immer wieder gezeigt, dass im Krieg stets zuerst die Wahrheit stirbt. Das war 1999 im Jugoslawienkrieg so, als der deutsche Verteidigungsminister Rudolf Scharping zusammen mit dem BND den sogenannten Hufeisenplan Serbiens gegen den Kosovo präsentierte, weil er sich von Zuträgern täuschen ließ. Oder der Auftritt des amerikanischen Außenministers Colin Powell im UN-Sicherheitsrat 2003, bei dem er gefälschte Beweise über Massenvernichtungswaffen im Irak vorlegte, die einen folgenreichen Krieg legitimieren sollten. Oder die Behauptung der amerikanischen Regierung 2013 über den Einsatz von Giftgas in Syrien, die nach einer Prüfung vom renommierten Massachusetts Institute of Technology (MIT) zurückgewiesen wurde. Genaues Hinsehen ist notwendig.

Die historischen Wurzeln des Konflikts

Im osteuropäisch-slawischen Bereich, der lange Zeit unter den imperialen Mächten Russland, Österreich-Ungarn und dem Osmanischen Reich, zu einem geringen Teil auch Preußen, aufgeteilt war, vollzog sich die Nationsbildung erheblich komplizierter als in anderen Ländern Europas. Im Hinblick auf ihre Existenz als Ethnonation war die Situation der Ukrainer besonders problematisch. Die Ukraine ist für Russland niemals nur ein anderes Land neben anderen gewesen. Sowohl Russland und Belarus als auch die Ukraine sehen in der sogenannten Kiewer Rus des 9. bis 12. Jahrhunderts ihren nationalstaatlichen Ursprung. Von dort verbreiteten sich die ostslawische Version des orthodoxen Christentums und die davon ausgehende Kultur.

Der größte Teil der Ukraine war seit Jahrhunderten ein Teil Russlands, und einige der wichtigsten Schlachten Russlands, wie die von Poltawa im Jahr 1709, fanden auf ukrainischem Boden statt. Auch national russischgesinnte Dissidenten wie Alexander Solschenizyn bestanden stets darauf, dass die Ukraine ein fester Bestandteil des russischen Gesamtvaterlandes ist.

Die schwierige Suche nach der nationalen Identität

Einen selbständigen ukrainischen Staat gab es historisch zwei Mal und jeweils nur eine kurze Zeit: nach 1648 mit dem Hetmanat (Kosakenstaat) von Bohdan Chmelnyzkyj und nach der Februarrevolution und der Abdankung des Zaren 1917 mit der Bildung der Zentralrada, die als bürgerliche Konstituante mit den Bolschewiki um die Macht kämpften. 1920 hatten letztere sich durchgesetzt. Die Westukraine wurde infolge des polnisch-russischen Krieges von 1920 an Polen abgetreten. Vom späten 18. bis zum frühen 20. Jahrhundert hatten Ostgalizien, Wolhynien und Bukowina zum österreichischen Teil der Donaumonarchie gehört, die im Gegensatz zu den Russifizierungsmaßnahmen des Zarenreichs die ukrainische Sprache und Literatur förderte, gewissermaßen als Gegengewicht zur polnischen Nationalversammlung.

Lemberg (Lwiw), die bedeutendste Stadt der Westukraine, jahrhundertelang bewohnt von unterschiedlichen Nationalitäten, hatte bis zur Aussiedlung der dort lebenden Polen nach 1945, als auch dieser Teil sowjetisch (und somit ukrainisch) wurde, eine zentrale Bedeutung sowohl für das polnische als auch ukrainische Nationalbewusstsein und ebenso für das osteuropäische Judentum.

In den 1920er-Jahren konnte sich die ukrainische Nationalität im Rahmen der Sowjetunion relativ frei entfalten, mehr als damals im polnischen Teil des Landes. Ukrainische Nationalisten und deren geheime Militärorganisation (O.U.N.) leisteten Widerstand gegen den polnischen und den sowjetischen Staat und setzten in der zweiten Hälfte der 1930er-Jahre ihre Hoffnung auf nationale

Befreiung mehr und mehr auf NS-Deutschland. Die Nationalisten erhielten auch deshalb Zulauf, weil es 1932/1933 zu einer humanitären Katastrophe in der Ukraine kam. Dem »Holodomor«, der großen Hungersnot der Ukraine, fielen zwischen dreieinhalb und sechs Millionen Menschen zum Opfer, ethnisch nahezu ausschließlich Ukrainer, mehr als zehn Prozent der Bevölkerung.

Vorangegangen waren eine Missernte und, wie in der ganzen UdSSR, die Zwangskollektivierung der Bauern. Moskau verhängte harte Naturalienstrafen gegen 90 Prozent der Dörfer, weil sie die weit überhöhten Vorgaben nicht erfüllt werden konnten. Im Zuge der parallel forcierten Industrialisierung sprach Josef Stalin von einem »Krieg gegen die Bauern«, die er als Menschen zweiter Klasse sah. Ein erheblicher Teil des Getreides wurde ins Ausland verkauft, um industrielle Investitionsgüter zu bezahlen. In dieser Zeit kam es zu blutigen Säuberungen gegen die untere und mittlere Ebene der einheimischen Kommunisten und gegen die ukrainische Intelligenz, später auch gegen die kommunistische Parteiführung.

Der westliche Teil der Ukraine wurde 1939 in die Sowjetunion eingegliedert, als Stalin und Adolf Hitler aufgrund des deutschsowjetischen Pakts die Grenzen neu zogen. Stepan Bandera gehörte damals zum Führungskader der O.U.N. und war Anführer der geheimen Partisanenverbände U.P.A., die eine unabhängige Ukraine wollten. Nach dem Einmarsch der deutschen Wehrmacht am 22.06.1941 setzten Bandera und seine ultranationalistische Organisation auf eine eigenständige Beteiligung am deutschen »Unternehmen Barbarossa«. Sie riefen die ukrainische Unabhängigkeit aus. Das wurde ihnen von den Nationalsozialisten jedoch nicht zugestanden: Die führenden Leute werden nach wenigen Tagen verhaftet und in das KZ Sachsenhausen geschafft. Bandera, die Symbolfigur des ukrainischen Nationalismus, wurde 1959 in München von einem KGB-Agenten ermordet. Im Westen der Ukraine wird Bandera teilweise heute wieder als Nationalheld verehrt. Der langjährige ukrainische Botschafter in Deutschland Andreij Melnyk erwies ihm an seinem Grab in München Ehrenbezeugungen. In Kiew gibt es einen Bandera-Platz. Der Präsident vergibt einen Bandera-Orden.

Ungeachtet der Verhaftungsaktion gab es eine erhebliche Kollaborationsbereitschaft, auch bei den Mordaktionen gegen die ukrainischen Juden. Vor allem in Galizien (Westukraine), das dem polnischen Generalgouvernement zugeschlagen wurde. Allerdings nahm die Kollaborationsbereitschaft in dem Maße ab und die Widerstandstätigkeit zu, wie die brutal repressive, auf Kolonialisierung gerichtete NS-Besatzungspolitik offensichtlich wurde. Gegner in dem Ende 1942 der nordwestlichen Ukraine gestarteten Guerillakrieg waren erst in dritter Linie die deutsche Besatzungsstreitkräfte; hauptsächlich ging es gegen sowjetische Partisanen. Dann, bis in die Nachkriegsjahre andauernd, gegen die Sowjetarmee und in zweiter Linie gegen die dort ansässige polnische Minderheit. In diesem Volkstumskampf im Schatten des deutsch-sowjetischen Krieges wurden mindestens 60 000 Polen, unter ihnen viele Frauen und Kinder, und mindestens 10 000 Ukrainer ermordet.

Die Entwicklung des ukrainischen Staates

Die staatliche Unabhängigkeit der Ukraine vom 28.08.1991, Ende dieses Jahres in einem Plebiszit bestätigt, war die Folge des Zerfalls der Sowjetunion. Unter den diversen national-kulturellen und national-politischen Bestrebungen im östlichen Europa war die Findung einer nationalen Identität in der Ukraine besonders schwierig. Der Prozess verlief schleppend und diskontinuierlich, die Oligarchenmacht blieb ungebrochen. Korruption und Vetternwirtschaft waren weit verbreitet, ähnlich wie in anderen Nachfolgestaaten der UdSSR.

Durch die kulturelle und politische Kluft zwischen den Bevölkerungsgruppen bestimmte eine Schaukelpolitik das Land. Ein

Beispiel: In der Stichwahl zur Präsidentschaft im November 2004 erreichte der »prowestliche« Kandidat Wiktor Juschtschenko bis zu 93 Prozent der Stimmen im Westen und im Zentrum des Landes, der »prorussische« Wiktor Janukowytsch kam im Osten und Süden auf bis zu 96 Prozent. Ein geplanter wirtschaftlicher Zusammenschluss mit Russland musste nach wenigen Tagen ebenso widerrufen werden wie eine Assoziierung mit der EU. Der innenpolitische Widerstand war in beiden Fällen zu stark.

Die Maidan-Bewegung, die mit Demonstrationen auf dem Platz der Unabhängigkeit (Majdan Nesaleschnosti) in Kiew begann, erschütterte die politische Entwicklung. Auslöser der Proteste war der 21.11.2013, als Präsident Wiktor Janukowitsch unter russischem Druck die Unterschrift unter das EU-Assoziierungsabkommen verweigerte. Vor allem Studenten und Studentinnen demonstrierten auf der Straße.[30]

Im Januar 2014 flammten die Proteste erneut auf und schlugen in Gewalt um. Spezialeinheiten der Polizei schossen auf Demonstranten. Rund 100 Personen wurden getötet, nahezu 1 000 verletzt. Auch im Donbass kam es zu Demonstrationen, aber dort für die Regierung in Kiew, jedenfalls gegen den Maidan. Die innenpolitischen Spannungen nahmen ständig zu. Russland reagierte mit der Annexion der Krim. Am 27.02.2014 umstellten bewaffnete Männer ohne Abzeichen das Regionalparlament. An der Ostgrenze der Ukraine stationierte Russland rund 40 000 Soldaten.

Am 12.04.2014 begann der Krieg in der Ostukraine. In der Tagesschau kritisierte Georg Restle im Januar 2015 sowohl das Verhalten der prorussischen Kräfte als auch das Vorgehen der ukrainischen Armee. Sie »nimmt kaum Rücksicht auf die Not der Menschen und ihr Leben«. Der Konflikt eskalierte, die EU dürfe nicht zusehen, wenn bereits 1 000 Ukrainer getötet und fast eine Million vertrieben seien.[31]

Putin und Petro Poroschenko (ein Milliardär und Gründungsmitglied des Maidan-Rates, der von Vitali Klitschko vorgeschlagen und am 25.05.2014 zum Präsidenten gewählt worden war) entwickelten in der trilateralen Kontaktgruppe zusammen mit der OSZE ein Gesprächsprotokoll für den Minsker Abkommen I. Er wurde am 05.09.2014 unterzeichnet und am 17.02.2015 vom UN-Sicherheitsrat sogar als völkerrechtlicher Vertrag beschlossen.[32]

Doch schon am 28.09.2015 flammten die Kämpfe am Flughafen Donezk wieder auf. Unter der Moderation von Angela Merkel und dem französischen Staatspräsidenten François Hollande kam es zum zweiten Friedensabkommen »Minsk II« mit dem Ziel einer Umsetzung der Vereinbarung. Auch das blieb weitgehend folgenlos. Fast täglich ereigneten sich Gefechte und es gab Verletzungen der Vereinbarung.

US-Präsident Barack Obama begann 2014 mit Waffenlieferungen in die Ukraine, vor allem Panzerabwehrraketen und Drohnen. Kiew bekam verstärkt Hilfe aus NATO-Ländern. Bereits seit dem Jahr 2008 wurden in der Ukraine NATO-Manöver wie »Rapid Trident« durchgeführt.

Mit der Maidan-Bewegung und den separatistischen Reaktionen im Osten der Ukraine, vor allem in den beiden Regionen Donezk und Luhansk im Donbass, wurde der Schwebezustand beendet. Der größere Teil des Landes wollte eine von Russland politisch wie kulturell abgegrenzte Nationalidentität gewinnen. Die Trennungslinie deckte sich teilweise mit der konfessionellen Unterscheidung im Land. Der Graben zu den russischsprachigen Teilen des Landes wurde tiefer. Die Fronten verhärteten sich.

2019 wurde der Jurist und Schauspieler Wolodymyr Selenskyj mit großer Mehrheit zum Präsidenten gewählt. Selenskyj gehörte keiner der großen Oligarchengruppen des Landes an. Bis zum Ausbruch des Krieges wurde seine Amtsführung allerdings zunehmend kritisch bewertet. Die *Süddeutsche Zeitung* schrieb am 25.02.2021: »Selten ist ein Präsident in der Gunst seiner Wähler so schnell und so steil abgestürzt wie Selenskyj in der Ukraine.«[33] Die Hauptgründe seien sein Unwille zu echten Reformen und die fehlende Kontinuität in der Regierung. Starke Personen wie Olexij Ljubtschenko waren schnell aus dem Kabinett entfernt worden.

Die Rada (das ukrainische Parlament) und die Regierungsspitze gaben in den letzten Jahren widersprüchliche Signale. Einerseits beschloss das ukrainische Parlament 2019 mit 334 von 450 Stimmen eine »strategische Orientierung zum vollständigen Beitritt zur EU und zur NATO«. Andererseits zeigte sich Präsident Selenskyj in öffentlichen Erklärungen durchaus gesprächsbereit, über den Status des Donbass und der Krim zu verhandeln.

Vor dem Hintergrund dieser Widersprüche verwundert es nicht, dass die Ukraine wenig dafür getan hat, die Minsker Verträge mit Leben zu erfüllen. Im Gegenteil: Scharfmacher in Kiew haben die Abkommen nicht gewollt und nehmen ihr Zustandekommen der deutschen und französischen Regierung sogar übel, weil sie angeblich zu sehr die russischen Interessen berücksichtigt hätten. Selenskyj kritisierte die frühere Bundeskanzlerin Angela Merkel massiv, die sich seiner Meinung nach von Putin hätte unter Druck setzen lassen.

Unter dem Druck des russischen Überfalls verfestigt sich in weiten Teilen des Landes der nationale Zusammenhalt. Das ukrainische Volk leistet erbitterten Widerstand. Selenskyj hat erheblich an Profil und Popularität gewonnen

Internationale Einordnung

In den vergangenen drei Jahrzehnten gab es Fehler und Versäumnisse des Westens wie auch der Ukraine und Russlands. Eine bipolare internationale Ordnung war im Nachklang des Zweiten Weltkriegs entstanden, dass aus dem Kalten Krieg kein heißer Krieg wurde.[34] Beide Seiten erkannten die unterschiedlichen Einflusszonen an. Dabei wurden auch Militärputsche in Lateinamerika, der Krieg in Vietnam sowie verdeckte und offene Militäroperationen weltweit von Moskau »geduldet« wie umgekehrt von Washington die russische Unterdrückung von Aufständen, so in der DDR, Ungarn, und gewaltfreien Eigenentwicklungen, so in der Tschechoslowakei und in Polen. Auch der Krieg in Afghanistan ab 1979 gehört in diese Reihe.

Die Friedens- und Entspannungspolitik der westdeutschen Sozialdemokratie von Willy Brandt und Egon Bahr, hatte das Ziel, unter diesen Bedingungen den Spielraum für Vertrauensbildung und menschliche Erleichterungen zu erweitern. Es waren in erster Linie Bemühungen auf staatlicher und offizieller Ebene, aber nicht allein. In den 1970er- und 80er-Jahren gab es auch unmittelbare Initiativen zu Menschenrechtsfragen und sozialer Emanzipation wie die Rowohlt-Bücher von Freimut Duve oder *L'80*, die Zeitschrift für Literatur und Demokratie, herausgegeben von Heinrich Böll, Günter Grass, Carola Stern und Johano Strasser. Wichtig waren auch die Kontakte des Bundestagsabgeordneten Gert Weisskirchen zu oppositionellen Gruppen und Personen im östlichen Europa. Sie traten genauso nachdrücklich für die Friedens- und Entspannungspolitik ein.

1989/1990 brach die alte Ordnung zusammen, ausgehend von Glasnost und Perestroika in der UdSSR. Die historische Wende zur Deutschen Einheit und zur Überwindung der Teilung Europas wurde durch den Kurswechsel der sowjetischen Führung möglich, besonders durch Michail Gorbatschow. Die Realpolitik von Willy Brandt und Helmut Schmidt, von Walter Scheel und Hans-Dietrich Genscher zog die Grenzen in Europa letztendlich neu und brachte greifbare Fortschritte für Entspannung und für Menschenrechte.

Es trifft zu, dass es kein rechtlich und politisch verbindliches Dokument gibt, in dem der Westen 1990 auf eine Ausdehnung der NATO über Ostdeutschland hinaus verzichtet hätte. Aber es gab mündliche Zusagen auf höchster Ebene, von denen die Westmächte, vor allem die USA, als es konkret wurde, nichts wissen wollten.[35] Das Versprechen, dass es nicht zu einer NATO-Osterweiterung kommen würde, das Gorbatschow von US-Außenminister James Baker, Bundeskanzler Helmut Kohl und Bundesaußenminister Hans Dietrich Genscher gegeben wurde, wurde gebrochen. Gorbatschow ist bis heute verbittert darüber, wie hochmütig der Westen mit Russland und mit ihm umgegangen ist. Diese Arroganz ist eine der Ursachen der heutigen Konflikte.

Gebrochene Versprechen

Der »Zwei-plus-Vier-Vertrag« vom 12.09.1990, ein Friedensvertrag-Ersatz, der sowohl von den beiden deutschen Staaten als auch von Frankreich, Großbritannien, der Sowjetunion und den USA unterzeichnet wurde, stellt die Bereitschaft aller Beteiligten heraus, »die Sicherheit zu stärken, insbesondere durch Rüstungskontrolle, Abrüstung und Vertrauensbildung, und sich gegenseitig nicht als Gegner zu betrachten«. Er fordert zudem »die Schaffung geeigneter institutioneller Vorkehrungen im Rahmen der Konferenz für Sicherheit und Zusammenarbeit in Europa (KSZE)«.

Dieser Geist der Zusammenarbeit wurde zur Grundlage für die *Charta von Paris für ein neues Europa*, die am 21.11.1990 in der französischen Hauptstadt auf einer Sonderkonferenz der KSZE von 32 europäischen Staats- und Regierungschefs sowie von Kanada und den USA unterzeichnet wurde. Darin heißt es:

> »Das Zeitalter der Konfrontation und der Teilung Europas ist zu Ende gegangen. Wir erklären, dass sich unsere Beziehungen künftig auf Achtung und Zusammenarbeit gründen werden. Europa befreit sich von dem Erbe der Vergangenheit. [...] In Europa [bricht] ein neues Zeitalter der Demokratie, des Friedens und der Einheit an.«

In der Charta wurden acht Leitsätze für eine friedliche Zukunft festgelegt, die ein respektvolles und kooperatives Zusammenleben in Europa ermöglichen sollen.

Doch das Entgegenkommen Gorbatschows im Hinblick auf eine neue Friedensordnung im Gemeinsamen Haus Europa wurde missachtet. Tatsächlich war es die große Sorge der USA, dass es beim Prozess der Einigung Deutschlands und Europas zu einer Schwächung der NATO zugunsten eines gesamteuropäischen Sicherheitssystems kommen könnte. Die NATO war aus der Sicht Washingtons von Anfang an nicht nur die Gegenmacht zum Ostblock, sondern auch das Instrument der amerikanischen Hegemonie. Zwar wurde im Mai 1997 eine »Grundakte« für die Zusammenarbeit zwischen der NATO und der Russischen Föderation beschlossen und ein NATO-Russland-Rat eingerichtet, aber zu einem echten Dialog und einer wirklichen Zusammenarbeit kam es nicht. Wenn es wichtig wurde, blieben die Türen geschlossen.

1991 wurde als Folge eines gescheiterten Putsches Gorbatschow gestürzt, Boris Jelzin wurde neuer starker Mann im Kreml. Am 26.12.1991 endete die Existenz der UdSSR. Jelzin verordnete dem Land einerseits eine katastrophale Stresskur für einen Kapitalismus pur, durch den die wirtschaftliche Leistungskraft Russlands dramatisch absank. Seine Außen- und Sicherheitspolitik war zudem von dem Bestreben bestimmt, Russland in die »zivilisierte Staatengemeinschaft« einzugliedern, aber zugleich in und mit der die UdSSR ersetzenden Gemeinschaft Unabhängiger Staaten (GUS) die dominierende Rolle zu spielen und westliche Staaten aus der Region herauszuhalten. Durch Allianzbildungen mit China und Indien wollte Russland den Unilateralismus der USA begrenzen.[36]

In dieser Zeit begann der Westen mit Verhandlungen über den Beitritt von Staaten im östlichen Mitteleuropa, im Baltikum und in Südosteuropa in die NATO. Die Erweiterung begann 1999 mit Polen, Tschechien und Ungarn, 2004 folgten Bulgarien, Estland, Lettland, Litauen, Rumänien, die Slowakei und Slowenien. Insgesamt gab es fünf NATO-Osterweiterungen, zuletzt 2020 mit der Aufnahme von Nordmazedonien. Die meisten mittel- und osteuropäischen Länder wurden auch Mitglieder der EU oder waren es vorher geworden.

Ist es nicht zumindest nachvollziehbar, dass die Verschiebung der westlichen Militärgrenze bis an die Staatsgrenze der Russischen Föderation, ohne dass es zu Vereinbarungen und Sicherheitsgarantien gekommen war, von jeder denkbaren Regierung in Moskau kritisch gesehen werden musste? Nicht nur, weil die Politik der ausgestreckten Hand Gorbatschows längst desavouiert worden war. Gewiss sicherte das *Budapester Memorandum* vom 05.12.1994, das die Verlegung der sowjetischen Atomwaffen, die in der Ukraine stationiert waren, in die Russische Föderation regelte, der Ukraine die nationale Souveränität zu.[37] Dennoch betrieben die USA Anstrengungen, die Ukraine und auch Georgien in die NATO aufzunehmen.

Am 07.05.2000 wurde Wladimir Putin Präsident der Russischen Föderation. Er justierte die Außen- und Sicherheitspolitik neu und suchte anfangs enge Beziehungen zur EU und zu den USA. Zentraler Grund war die Erkenntnis, dass sich die ökonomische Kluft zwischen Russland und den westlichen Industriestaaten immer weiter öffnete. Damals sagte er:

> »Erstmals seit den vergangenen 200 bis 300 Jahren läuft Russland tatsächlich Gefahr, auf den zweiten und möglicherweise sogar den dritten Rang unter den Staaten der Welt zurückzufallen.«[38]

Putin versuchte zunächst, mit einer pragmatischen Politik vollwertiger Mitspieler zu werden und eine bessere Integration seines Landes in die internationale Arbeitsteilung zu erreichen. 52 Prozent der Direktinvestitionen in Russland kamen damals aus EU-Staaten, knapp 40 Prozent des russischen Außenhandels wurden mit der EU abgewickelt, zwei Drittel seiner Erdgas- und die Hälfte seiner Erdölexporte flossen nach Westeuropa.

Nach dem New Yorker Terroranschlag auf das World Trade Center vom 11.09.2001 kam es zu einer stärkeren Annäherung mit den USA. Putin und US-Präsident George W. Bush unterzeichneten den »Vertrag über die Begrenzung strategischer Offensivwaffen«. Russland wurde vollwertiges Mitglied der G8-Gipfeltreffen. Putin gab in einigen zentralen Fragen die Widerstände russischer Politik auf, unter anderem gegen den NATO-Beitritt der baltischen Staaten, die Öffnung des russischen Luftraums für Flüge nach Zentralasien und eine Duldung des militärischen Engagements der USA in Zentralasien und im Kaukasus. Die politischen Beobachter mussten zugestehen, dass Präsident Putin am Beginn seiner Amtszeit dem Westen, insbesondere der EU und Deutschland, weitreichende Angebote machte. Die Chancen für eine gesamteuropäische Sicherheitsarchitektur taten sich auf, wurden aber nicht genutzt.

Putins Rede am 25.09.2001 vor dem Deutschen Bundestag wurde von allen Fraktionen im Parlament bejubelt. Russland sei zu einer »vollwertigen Zusammenarbeit und Partnerschaft« mit der EU bereit.

> »Ohne eine moderne, dauerhafte und standfeste internationale Sicherheitsarchitektur schaffen wir auf diesem Kontinent nie ein Vertrauensklima und ohne dieses Vertrauensklima ist kein einheitliches Gesamteuropa möglich.«

Putin weiter:

> »Europa (wird) seinen Ruf als mächtiger und selbständiger Mittelpunkt der Weltpolitik langfristig nur festigen, wenn es seine eigenen Möglichkeiten mit den russischen, territorialen und Naturressourcen sowie mit den Wirtschafts-, Kultur- und Verteidigungspotenzialen Russlands vereinigen wird.«[39]

Das war ein Bekenntnis zur Selbstbehauptung Gesamteuropas.

Von der Suche nach Gemeinsamkeit zur neuen Konfrontation

Putin hat seine Angebote zur Zusammenarbeit mehrfach wiederholt, aber er hat in den folgenden Jahren auch sehr deutlich vor der einseitigen Ausweitung der NATO nach Osten gewarnt, insbesondere auf der Münchener Sicherheitskonferenz 2007:

> »Ich denke, es ist offensichtlich, dass der Prozess der NATO-Erweiterung keinerlei Bezug zur Modernisierung der Allianz selbst oder zur Gewährleistung der Sicherheit in Europa hat. Im Gegenteil: Das ist ein provozierender Faktor, der das Niveau des gegenseitigen Vertrauens senkt.«[40]

Auf dem NATO-Gipfel 2008 in Bukarest drängte US-Präsident George W. Bush trotz der Warnung seiner Sicherheitsexpertin Fiona Hill auf eine Beitrittsperspektive für Georgien und die Ukraine. Neben Frankreichs Präsident Nicolas Sarkozy warnte auch Bundeskanzlerin Angela Merkel davor, Russland unnötig zu reizen und die Destabilisierung Osteuropas zu riskieren. Heraus kam ein Kompromiss, beide Länder erhielten eine allgemeine Zusage, die aber nicht vollzogen wurde. Selenskyj kritisierte das später als taktische Fehlkalkulation. Putin warnte damals, dass mit der Aufnahme eine Grenze überschritten sei, und drohte, dass die Krim und die Ostukraine Russland angegliedert werden würden. In der Maidan-Revolution sah er eine Verschwörung des Westens.

Die Idee der gemeinsamen Sicherheit wurde durch die NATO-Osterweiterung konterkariert. Der Diplomat und Historiker George F. Kennan war einer der nachdrücklichen Warner vor den Folgen. Am 05.02.1997 schrieb er in einem Gastbeitrag für die *New York Times*, dass die Entscheidung von US-Präsident Bill Clinton, die NATO bis an die Grenzen Russlands zu erweitern, der verhängnisvollste Fehler der amerikanischen Politik in der Ära nach dem Kalten Krieg wäre:

> »Diese Entscheidung kann erwarten lassen, dass die nationalistischen, antiwestlichen und militaristischen Tendenzen in der Meinung Russlands entzündet werden.«[41]

Ein neuer Nationalismus in Russland

Das von Kennan befürchtete Szenario ist eingetreten. In den letzten Jahren entstand in Russland in Verbindung mit der Exekutive ein Netzwerk von nationalistischen, antiwestlichen und militaristischen Ideologen. Die russische Politik hat sich im letzten Jahrzehnt negativ verändert. Finanziell gut ausgestattete Vereinigungen wie der Waldai-Klub und der Isborsk-Klub (Letzterer benannt nach dem Ort, der im Jahr 862 die Gründung russischer Staatlichkeit markieren soll) spielten bei der ideologischen Begründung eines Großrusslands eine wichtige Rolle. Das führende Mitglied Natalia Narochnitskaya schrieb am 14.02.2022 in der *Iswestija*:

> »Die Wurzel des Konflikts – nicht nur in der Ukraine, sondern auch in vielen anderen ehemaligen Republiken der UdSSR – liegt in der doppelten, rechtswidrigen Zerstörung des historischen russischen Staates. Zuerst von den Bolschewiki 1917, dann von den Liberalen 1991.«[42]

Zum Hauptbezugspunkt ist also das Zarenreich geworden.

Zum Isborsk-Klub gehört auch der Publizist Alexander Dugin, der einflussreiche Vorsitzende der »Internationalen Eurasischen Bewegung« und einer Neuen Rechten in Russland, der im staatlichen Fernsehen regelmäßig seine Lehre des »Neo-Eurasismus« vorträgt. Schon 1992 erwartete Dugin in *Der Große Krieg der Kontinente* die Auferstehung eines »Eurasiens«. Dieses werde sich in der geopolitischen Auseinandersetzung gegen die USA und ihre westlichen Werte zusammenfinden und eine Neubesinnung auf traditionelle Werte und Kultur ermöglichen.

Putin beschrieb im Juli 2021 seine Vorstellung von einem Großrussischen Reich in Grenzen analog des Kiewer Rus.[43] Er offenbarte eine Gedankenwelt, in der sich Sowjetpatriotismus, Imperialismus und russischer Ethnonationalismus mit sozialpolitischen, aber auch mit religiösen und homophoben Akzenten mischen. Das völkische Geschichtsbild bekam dann auch im Juli 2020 einen Platz in der Verfassungsänderung. Der neu hinzugekommene Artikel 67 beschreibt die Russische Föderation nun als die Vereinigung »einer tausendjährigen Geschichte«, für die auf Dauer der »Schutz der historischen Wahrheit« zu gewährleisten sei.

In der heutigen Ukraine sieht Putin ein »Anti-Russland«. Den ethnischen Russen drohe dort »eine gewaltsame Assimilation«, die mit dem »Einsatz von Massenvernichtungswaffen« vergleichbar sei. Innerhalb von zwei Jahrzehnten vollzog er einen Kurswechsel vom Gemeinsamen Haus Europa hin zu einer antiwestlichen und nationalistischen Politik, wobei diese Verschiebung nicht gleichmäßig in verschiedenen Schüben vor sich ging.

Die Hoffnung auf gemeinsame Sicherheit wurde enttäuscht

Der britische Sozialhistoriker Eric Hobsbawm stellte fest: Wenn die Katastrophen erst einmal eingetreten sind, »können [wir] nur zurückblicken und feststellen, was auf dem Wege lag, der uns dahin geführt hat«.[44] Für die weitere Zukunft werden nicht zuletzt mit dem Ukraine-Krieg Weichen gestellt. In einer gespaltenen und ungleichen Welt sind Klimaschutz, Rohstoffsicherheit und Schutz der Biodiversität nicht möglich.

Deshalb ist es so verhängnisvoll, dass die Chancen der internationalen Vertrauensbildung, Entspannung und Zusammenarbeit nur unzureichend genutzt wurden, die sich Anfang der 1990er-Jahre für eine gemeinsame Sicherheit und nachhaltige Entwicklung aufgetan haben. Die politische Kultur der Verständigung und Kooperation, die in den großen Berichten der UN angelegt war, endete nach dem Höhepunkt ihrer Zustimmung: dem Erdgipfel für Umwelt und Entwicklung 1992 in Rio de Janeiro. Der Westen hatte vermeintlich doch gesiegt, seine wirtschaftlichen und politischen Interessen sollten jetzt bestimmend sein.

Für eine friedliche Zukunft der Menschheit ist eine soziale und ökologische Gestaltung der Transformation unabdingbar. Die Gesellschaften und Staaten müssen solidarisch zusammenarbeiten, um das Überleben der Menschheit zu ermöglichen – und damit auch ihr eigenes. Die Alternative, um die es geht, wird durch den Ukraine-Krieg deutlich: Entweder kommt es zu einer Militarisierung der Welt, zu neuer Gewalt und erbitterten Verteilungskämpfen – oder es gelingt der Durchbruch zu Kooperation, Abrüstung und Nachhaltigkeit in einer friedlichen Welt. Wohin das Pendel schlägt, das entscheidet sich heute. Wir befinden uns bereits in einem »Jahrzehnt der Extreme«, in dem die Verletzlichkeit der Erde mit der COVID-19-Pandemie, dem Ukraine-Krieg und der weltweiten Aufrüstung sowie der heraufziehenden Klimakrise für alle sichtbar radikal aufbricht.

In den *Human Development Reports* der Vereinten Nationen heißt es: »In der Geschichte gibt es auf den ersten Blick keine Situation, die sich in der Dringlichkeit mit der globalen Klimakrise vergleichen ließe.«[45] Pandemie, Krieg und Klimakrise verstärken sich wechselseitig. Sie werden zu Brandbeschleunigern für Unsicherheit, Ungleichheit und Ausgrenzung.

Am Beginn des 21. Jahrhunderts geht es von daher um grundlegende Weichenstellungen. Aber die etablierte Politik scheint die heraufziehenden Gefahren weder in ihrer zeitlichen noch in ihrer zerstörerischen Dimension wirklich zu erfassen und zu durchdringen. Die immanente Krise unserer Zeit liegt auch darin begründet, dass es nur wenige mutige Konzepte gibt, die den Herausforderungen der globalen Welt mit einer ganzheitlichen Vision des menschlichen Fortschritts begegnen. Wir brauchen ein grundlegend neues Denken.

Die Politik verliert die Kontrolle über die wirtschaftliche und gesellschaftliche Entwicklung, weil sie keine ausreichenden Antworten auf den Marktradikalismus und die großen Umbrüche der postkommunistischen Zeit gibt, gemäß dem Konzept einer Weltinnenpolitik. Die Reaktion auf die Unsicherheiten unserer Zeit und auf die sich zuspitzenden Gefahren und Risiken muss die Suche nach gemeinsamer Sicherheit sein.

Trügerische Sicherheit

Als Gegenargument zu einer Politik des Interessensausgleichs und der gemeinsamen Sicherheit wird u.a. auf die Abstimmung der UNO-Generalversammlung vom 25.03.2022 verwiesen, in der der russische Einmarsch in die Ukraine doch so eindeutig mit einer Mehrheit von 141 Ja-Stimmen gegen nur fünf Nein-Stimmen bei 35 Enthaltungen verurteilt wurde.[46] Das sei ein eindeutiges Signal für die Mehrheitsfähigkeit einer westlichen werteorientierten Außenpolitik, der Westen fände eine große Zustimmung für seine Haltung.

Das Ergebnis muss jedoch genauer betrachtet werden. Von den 193 Mitgliedsländern der UNO haben acht nicht teilgenommen. Gemessen an der Zahl der Menschen hat sich mit China und Indien, vielen ostasiatischen und arabischen Ländern sowie 17 afrikanischen Staaten die Mehrheit der Weltbevölkerung der Stimme enthalten. Das sind Länder, in denen es oft eine starke antiwestliche Stimmung gibt. Auch die lateinamerikanischen Länder sind nicht bereit, bei den Sanktionen gegen Russland mitzuziehen.

Der Ukraine-Krieg kann somit zum Verstärker für eine neue Blockbildung werden. Nicht, dass die russische Politik in allem unterstützt wird, aber die Mehrheit der Länder wird Russland nicht sanktionieren und schon gar nicht isolieren. Nach den westlichen Blockaden stehen nicht wenige von ihnen als Abnehmer für russische Waren bereit. Das ergibt sich schon aus der Zusammenarbeit der BRICS-Staaten (Brasilien, Russland, Indien, China und Südafrika), auf die fast ein Drittel des weltweiten Bruttosozialprodukts und über 40 Prozent der Weltbevölkerung entfallen. Sie kooperieren vielfach eng miteinander.

Der Versuch Washingtons, Russland zu schwächen und mit der Ukraine einen neuen Brückenkopf für wichtige Handelsrouten zwischen Europa und Asien zu schaffen, kann als Gegenpol mittelfristig zu einem Ergebnis führen, das keiner der Hauptakteure auf der Rechnung hat – Russland nicht und die USA auch nicht. Es wird sich ein neuer starker Block unabhängiger Staaten herausbilden. Seit den 1950er- und 60er-Jahren sprach man von der »Dritten Welt«. Die wichtigsten Schlüssel, ob es zu einer neuen starken Allianz kommt, haben China und Indien in den Händen. Trotz Differenzen zwischen diesen beiden bevölkerungsreichsten Staaten der Erde kann es durchaus möglich werden, dass sich mit ihnen ein neuer Staatenblock herausbildet, zumal China durch seine zunehmende technologische Stärke bereits mit vielen Länder eng verflochten ist. Ein herausgehobenes Beispiel dafür ist das Projekt der »Neuen Seidenstraße«, an dem 60 Staaten beteiligt sind. Der frühere bundesdeutsche Außen- und Wirtschaftsminister Sigmar Gabriel bezeichnete das Vorhaben als »geostrategische Jahrhundertidee, mit der China seine Ordnungsvorstellungen und Machtprojektionen durchzusetzen entschlossen ist«.[47]

Ausgeschlossen ist auch nicht, dass es zu einer engeren Zusammenarbeit zwischen Russland und China, möglicherweise gleichzeitig mit Indien, kommt. Derzeit halten sich die beiden asiatischen Länder zurück, zumal sie von einer stabilen Weltwirtschaft abhängig sind, die noch immer vom Westen – genauer: von Nordamerika und Westeuropa – dominiert wird. Die Befürchtung eines Wirtschaftskrieges mit der industriell und technologisch entwickelten Welt ist da. Ohnehin verbindet China und Russland eine komplizierte Geschichte. Andererseits hat auch ein geschwächtes Russland aus chinesischer Sicht einiges für sich, insbesondere für abhängige Rohstoffgeschäfte oder -partnerschaften.

Viel steht auf dem Spiel, nicht nur für Russland, die USA und die Europäische Union, sondern auch für die kommende Supermacht China, das aufstrebende Indien und das bevölkerungsreiche

Afrika. Letztere drei wollen, dass Russland in der Ukraine nicht einfach besiegt wird. Sie warten ab, keiner sollte sicher sein, wohin die Reise führt. Aus dem Angriff auf die Ukraine ist ein geostrategischer Konflikt geworden.

Meinungen

Hans-Jochen Luhmann

Das Kind ist im Brunnen gelandet

Das hoffnungsvolle Modellprojekt »Ordnung gemeinsamer Sicherheit in Europa« wurde nach 1996 vom Westen systematisch in den Sand gesetzt. Das Ende des Kalten Krieges hat ein Erbe. Dazu gehört das Versprechen einer Ordnung gemeinsamer Sicherheit in Europa. Kodifiziert wurde das in etlichen Rechtsdokumenten unter KSZE- beziehungsweise OSZE-Dach sowie in diversen Rüstungskontrollverträgen. Doch die rechtliche Fassung gelang nicht.

Wie immer gibt es Dynamiken, in diesem Falle waren es rüstungstechnologische Entwicklungen und vor allem das Zusammenbrechen der Sowjetunion, welches neue Staaten und folglich vertragsfreie Räume schaffte. Die NATO-Osterweiterung ohne intentionsgerechtes Nachziehen von Verpflichtungen, insbesondere des KSE-Vertrages zur Begrenzung konventioneller Rüstung, zerlöcherte die intendierte Ordnung einer lückenlosen Abdeckung der ATTU-Zone (Atlantic-to-the-Urals) zu einer Gestalt wie der eines Schweizer Käses. Der faktische Bruch des Intendierten seitens des Westens liegt bereits im Jahr 1996.

Die Vorgeschichte: Die Republikaner in den USA hatten in der Epoche des Kalten Krieges mit Inbrunst den Anti-Kommunismus und das Feindbild des revolutionären Antipoden Sowjetunion gepflegt. 1989/90 kam ihnen das abhanden. Vier Jahre hielten sie das aus, dann gab es einen Anlass, die Ressentiments wiederzubeleben, nun gegen Russland. Anlass war die revolutionäre Situation in Moskau zwischen den Reformkräften, vertreten durch Präsident Jelzin, einerseits und reaktionären Kräften des Volksdeputiertenkongresses sowie auf der Straße andererseits. Diese Spannungen erreichten ihren Höhepunkt am 02.10.1993, das höhere Militär hielt Jelzin die Stange.

Für die Republikaner bedeutete das: Nach dieser erneuten »Oktober-Revolution« war Russland nun eine Militärdiktatur. Das war sehr freihändig interpretiert, denn das Volk stand hinter Jelzin. Anfang Dezember 1993 billigte die russische Bevölkerung per Volksabstimmung die neue Verfassung, die Jelzin vorgelegt hatte und die der Anlass des Konflikts gewesen war. Dessen ungeachtet sahen die US-Republikaner darin die Chance, das über Jahrzehnte tief in der US-Bevölkerung verankerte Feindbild wiederbeleben zu können.

Auf diese Weise wurde innenpolitisch Druck erzeugt. Der brachte 1996 US-Präsident Clinton dazu, den Anliegen der in Pennsylvania, Michigan, Illinois beheimateten Wählerschichten mit engen Beziehungen zu und Wurzeln in Osteuropa zu entsprechen. Viele von diesen waren sogenannte Reagan-Demokraten geworden. Sie verlangten, dass die NATO expandiere, zunächst Polen aufzunehmen und am Ende auch die Ukraine. Das US-Wahlsystem gibt solchen Anliegen von »Swing-Wählern« eine große Durchschlagskraft. Um seine Wiederwahl zu sichern, entschied Clinton sich für die außenpolitische Strategie der »Doppeldeutigkeit«: Jelzin versicherte er, eine NATO-Erweiterung werde es nicht geben, die »Partnership for Peace« stehe fest; dem US-Botschafter in Warschau hingegen wurde gesagt, er solle verkünden: »Das ist der erste Schritt in Richtung NATO-Mitgliedschaft.«

Diese faktische Aufkündigung der verabredeten Nach-Kalter-Krieg-Ordnung in Europa wurde von sicherheits- und außenpolitischen Experten einmütig klassifiziert, als

- sicherlich eine abwehrende Reaktion Russlands provozierend;
- »der größte geopolitische Fehler des Jahrzehnts« (George F. Kennan);

- »Unterhöhlung jeder Chance auf eine Entwicklung in Richtung Demokratie in Russland« (Jack F. Matlock).

Die Rationalisierung dieser Politik als außenpolitisch klug und rechtlich unausweichlich ist Ausdruck einer Geschichtsvergessenheit, eines Kernproblems des Westens auf kultureller Ebene. Nachdem die Präsidentschaft Clintons im Januar 2001 zu Ende gegangen war, trieb sein Nachfolger George W. Bush die Osterweiterung der NATO auf die Spitze und zertrümmerte das Vertrauensverhältnis zu Russland. Intellektuell vorbereitet wurde das bezeichnenderweise von den Neocons und nicht von der in Washington etablierten sicherheitspolitischen Community. Und die Europäer, um deren ureigenste Sicherheitsordnung es immerhin ging, sagten in ihrer Ost-West-Gespaltenheit kein Wort dazu; mit Ausnahme des Widerstands Deutschlands und Frankreichs gegen den handstreichartigen Versuch Bushs, beim NATO-Gipfel 2008 in Bukarest die Ukraine und Georgien aufnehmen zu lassen. Harald Müller, langjähriger Direktor der Hessischen Stiftung für Friedens- und Konfliktforschung (HSFK), fasste das so zusammen: »Russland wurde signalisiert: Ihr verliert auch noch das letzte Stück ›Zwischeneuropa‹, aber ihr habt noch Zeit, etwas dagegen zu tun. Grotesker kann man kaum Signale aussenden.«

Russland hat das Ende der Amtszeit von Präsident George W. Bush abgewartet, um zu eruieren, ob danach noch ein Neuanlauf hin zu gemeinsamer Sicherheit möglich sei. Die Nicht-Aufnahme des Medwedew-Papieres von 2008 durch Bushs Nachfolger Obama machte die westliche Haltung jedoch unmissverständlich klar. Daraus hat Moskau die Konsequenzen gezogen, seinen Militärapparat systematisch modernisiert und ihm im Syrien-Krieg Gelegenheit zum Training unter Realbedingungen gegeben. Russland hat sich zudem wirtschaftsgeopolitisch auf einen Stand geringer Vulnerabilität zu bringen versucht. So wurde ihm möglich, was es heute brutal vollzieht: mit Gewalt seine Anliegen durchsetzen – angesichts eines Westens, der fast nur fassungslos zuschauen kann.

Faktisch hat der Westen die Ukraine verführt – erst durch die NATO-Beitritts-Avancen, dann durch die EU-Nachbarschaftspolitik. Die Ukraine hat sich verführen lassen, indem sie sich der Illusion hingab, wählen zu können, ohne Rücksicht auf die bekundeten Sicherheitsinteressen seines militärisch übermächtigen und zur Brutalität bereiten östlichen Nachbarn. Der Westen hat gelockt, ohne in die sicherheitspolitische Verantwortung zu gehen. Opfer dieser Doppelbödigkeit ist nun die Bevölkerung der Ukraine.

Der Westen ist an der Verführung der »Weltinnenpolitik« gescheitert. Carl-Friedrich von Weizsäcker hatte warnend darauf hingewiesen, dass eine spezifische Gefahr darin liege, die Tatsache zu übergehen, dass es sich bei dem Konzept der »Weltinnenpolitik« (nur) um eine regulative Idee handle, und sie für realisiert zu halten. Auch Kennan hatte auf diese Falle hingewiesen. Die Option des brutalen Krieges war eben weiterhin eine Option.

Hilfsweise wird nun vom Westen versucht, der eigenen Verantwortung mittels Wirtschaftssanktionen in präzedenzlosem Ausmaß gerecht zu werden. Man führt einen regelrechten Wirtschaftskrieg, zwingt Russland einen Zwei-Fronten-Kampf auf. Die Entschiedenheit dazu ist seitens des Westens einmütig. Das impliziert: Die Bereitschaft zum Opfer hat sich diesmal nicht – wie etwa 1914 – im Blutzoll kriegsbegeisterter junger Männer zu zeigen, sondern im Konsumverzicht breiter Schichten, dem unausweichlichen Kollateralschaden scharfer Wirtschaftssanktionen … und da sich Russland seit Jahren darauf vorbereitet hatte, müssen sie besonders scharf ausfallen.

Wie groß die kollektive Opferbereitschaft ist, wird sich erst erweisen müssen. »Auf'm Platz« hat der gesellschaftliche Verteilungskampf durch die massiv erhöhten Preise und Inflationsraten längst begonnen. Die Politik ist zwar bereit, hohe Kollateralschäden zuzulassen – ob das Volk das aber nimmt? Die derzeitigen

Diskussionen, die Preissteigerungen als »Inflation« zu klassifizieren und folglich einen Ausgleichsanspruch im Verteilungskampf daran anzuknüpfen, deuten darauf hin, dass breite Schichten die zentrale Implikation des Wirtschaftskrieges nicht hinnehmen wollen. Möglicherweise spaltet der Verteilungskampf den Westen und Russland gewinnt auf diesem Feld.

Dr. Hans-Jochen Luhmann ist Vorstandsmitglied der Vereinigung Deutscher Wissenschaftler (VDW).

Bascha Mika

Nichts mehr wie vorher?

Es gibt keine Zwangsläufigkeit der Geschichte. Niemand kann sich mit »Gott« oder »dem Schicksal« herausreden, wenn es um menschengemachtes Leiden und Sterben geht. Dennoch scheint der Krieg in der Ukraine mit einer Unvermeidlichkeit abzulaufen, als folge er einem altbekannten, grausamen Skript. Als würde sich das Rad der Geschichte unerbittlich in immer die gleiche Richtung bewegen.

Putins Geschichtsklitterung und die Dämonisierung der Ukraine als ideologischer Auftakt, dann Überfall, Bomben, Verheerung der Städte, Vertreibungen, Vergewaltigungen, Massaker an Zivilisten – Zug um Zug ein Ablauf, bekannt (nicht nur) aus Aleppo und Grosny. Tausende Tote, Millionen Geflüchtete, möglicherweise Giftgas – Kriegsverbrechen. Chronik einer unaufhaltsam erscheinenden Eskalation, wie abgeschrieben aus dem Handbuch des Unmenschen.

Zug um Zug auch die Reaktion des Westens. Da werden Sanktionsschrauben angezogen, Drohkulissen verschärft, Truppen an die NATO-Ostgrenzen verlegt, russische Künstler- und Wissenschaftler:innen geächtet, Aufrüstung beschlossen, die Militarisierung der europäischen Außen- und Sicherheitspolitik vorangetrieben. Und damit einhergehend eine Militarisierung des Denkens, die von weiten Teilen der Politik und der Medien unterstützt und unter die Leute gebracht wird. Begründung: Nach der Zäsur durch Putins Angriff bleibe nur die Erkenntnis, dass alles einer neuen Logik zu folgen habe, einer, die ihre eigenen, zwangsläufigen Abläufe in sich trage. Schließlich sei Krieg und deshalb nichts mehr wie vorher.

Doch das Gegenteil ist der Fall. Nichts an diesem Szenario ist neu, es folgt einem allzu bekannten, rückwärtsgewandten Muster. Neu waren vielleicht die wenigen Jahre relativer Entspannung nach dem Zusammenbruch der Sowjetunion. Doch nun haben wir einmal mehr die Erfahrung gemacht, dass für den Frieden dasselbe gilt wie für die Demokratie: Immer, wenn man sich seiner sicher glaubt, ist er am stärksten bedroht. Denn alles scheint darauf abzuzielen, dass sich die Geschichte auf schrecklichste Weise ein ums andere Mal wiederholt. Dass es genauso abläuft wie immer, wenn die Politik versagt, wenn von imperialem Wahn befallene Diktatoren kriegslüstern werden und alles in einen Strom der Gewalt zu versenken drohen.

In dieser Gemengelage ist plötzlich möglich, was lange undenkbar war. Dass der Bundestag sich zu beschämenden Standing Ovations hinreißen lässt, weil der Kanzler mehr Waffen verspricht. Dass ein Ex-NATO-General sich öffentlich zwar Gedanken zur »Rechtslage« bei einem Bündnisfall macht, das Grauen eines Dritten Weltkriegs aber nicht thematisiert. Oder dass der Bundespräsident von der ukrainischen Regierung ausgeladen und bloßgestellt wird.

Und dann die Presse. Bekanntlich ist Meinung ja nicht gleich Meinung. Das fällt besonders krass auf, wenn sich große Diskrepanzen zwischen öffentlicher und veröffentlichter Meinung auftun – was zweifellos derzeit der Fall ist. Wie Journalist:innen in Sachen Krieg ihre Schwerpunkte setzen und was die Bevölkerung umtreibt, hat oft wenig miteinander zu tun. Nun verstehen sich

Medien zwar nur bedingt als Spiegel der Gesellschaft, doch die widersprüchlichen Blickwinkel sind nicht nur bemerkenswert, sie sind bedenklich. Und irritierend.

Da tummeln sich Pressevertreter maulheldenhaft in Schützengräben, überschlagen sich bei der Forderung nach noch schwereren Waffen, treiben die Regierung wegen angeblicher Zögerlichkeit vor sich her und spotten über die Warnung des Friedensinstituts SIPRI vor einem Atomkrieg. Warum bieten sie sich nicht gleich beim ukrainischen Präsidenten Selenskyj als Söldner an, um mal richtig Krieg zu erleben?

Wer hingegen die Bevölkerung befragt, findet andere Haltungen. Natürlich, die Waffenlieferungen an die Ukraine werden unterstützt, doch von wesentlich weniger Hurra-Geschrei begleitet als bei vielen Kommentator:innen. Zudem ist eine Mehrheit mitnichten der Meinung, dass die Regierung gefälligst schneller handeln solle, sondern hält die eingeschlagene, vorsichtige Gangart für durchaus angemessen.

Noch eklatanter schrammen die Medienmacher:innen am kollektiven Gemütszustand vorbei, wenn es um die gesellschaftliche Bedrohungslage geht. Denn zur Sorge um eine Eskalation im Ukraine-Krieg hat sich bei sehr vielen Menschen eine weitere Angst gesellt, die sie ungeheuer bedrückt: Die Angst, dass sich die soziale Ungleichheit drastisch verschärft. Von denen, die im Beruf stehen, fürchten drei Viertel, dass der Krieg die ungerechte Einkommensverteilung noch weit ungerechter machen wird. Und zwei Drittel fürchten, »dass die Gesellschaft dadurch so weit auseinanderdriftet, dass sie Gefahr läuft, daran zu zerbrechen«.

Es ist ein beklemmendes Bild, das die repräsentative »Erwerbspersonenbefragung« der Hans-Böckler-Stiftung einfängt. Die Stimmungslage der Nation ist so düster wie seit Jahrzehnten nicht mehr. Selbst in den Hochzeiten der Pandemie oder während der internationalen Finanzkrise waren die Sorgen nicht derart ausgeprägt. Der äußere Feind, der einen Vernichtungskrieg im Osten führt, und der innere Feind, der qua Inflation das ökonomische Auskommen bedroht, verbinden sich zu toxischen Gefährdungsszenarien.

»Insgesamt zeigt sich das Bild einer stark verunsicherten Gesellschaft, die mit wenig Zuversicht in die Zukunft blickt«, stellen die Wissenschaftler:innen fest. Corona, Krieg, Inflation – das zehrt! Die Krisen, die sich überlagern, ohne dass nur eine davon bereits ausgestanden wäre, haben die Widerstandskraft der Menschen Stück für Stück abgetragen, die Resilienz des Gemeinwesens ausgehöhlt. Pessimismus bestimmt die Sicht auf die kommenden Zeiten.

Zwar heißt es immer: »Die Hoffnung stirbt zuletzt«, doch das ist ein Irrtum, ist nicht mehr als eine typische Durchhalteparole. Die Zuversicht schwindet im Zwischendrin, sie geht schleichend verloren und befördert durch ihren Niedergang eine Entwicklung, die sie hätte verzögern oder gar aufhalten sollen. Schon deshalb müsste es wohl besser heißen: Wenn die Hoffnung stirbt, wird die Lage gefährlich – so wie jetzt. Denn kein Glaube an eine bessere Zukunft hindert die üble Gegenwart, sich weiter zu verschlimmern.

Dabei gilt: Je weniger im Portemonnaie, desto größer die Sorgen und das Misstrauen gegenüber der künftigen Entwicklung – wobei die Ängste bis tief in die Mittelschicht hineinreichen und auch Menschen befallen, die zwar ihr Auskommen haben, aber um den sozialen Frieden im Land fürchten. Denn wer kein Vertrauen mehr in die Zukunft hat, weil er sich fallen gelassen fühlt, traut auch keiner Regierung und keiner demokratischen Institution mehr.

Gegen diese Belastung für die Gemeinschaft helfen auch sogenannte Entlastungspakete nur wenig. Inzwischen geht es längst nicht nur um soziale Gerechtigkeit, es geht um die Grundlagen der Gesellschaft. Wer dieses Risiko nicht erkennt und zutiefst beunruhigend findet, versteht nicht, was sich hier aufbaut. Der Krieg in der Ukraine gefährdet auch die Demokratie in Deutschland. Ihre Stabilität ist bedroht.

So wird die Verbundenheit mit der Ukraine schwinden, wird aufgefressen, wenn hierzulande die sozialen und materiellen Sorgen überborden. »Angst essen Seele auf«, lautet der Titel eines (gar nicht mal so) alten Films. Und mit der Seele essen Angst auch Solidarität auf. Vielleicht sollten sich Politik und Presse mal verstärkt diesen Problemen widmen, anstatt Panzer zu zählen.

Lange Jahre war Deutschland zu Recht stolz darauf, dass es in Krisen auf Diplomatie und eine Kultur der militärischen Zurückhaltung setzte. Dies hat keineswegs allen gepasst, schon gar nicht denjenigen, die internationale Stärke mit der Schlagkraft von Armeen verwechseln. Dank Putin sind diese Falken nun wieder wer, in der politischen Arena wie in der Öffentlichkeit. Und prompt treten sie so dominant auf, dass selbst Wolfgang Ischinger, der langjährige Chef der Münchner Sicherheitskonferenz, vor »Kriegseuphorie« warnt, weil »wir Deutschen leider bekanntlich zu Extremen neigen«.

Wer mit Abscheu und Verzweiflung auf Putins Verbrechen blickt, doch ebenso erschrocken auch auf die sogenannte Zeitenwende im Westen mit all ihren Folgen, scheint vom unaufhaltsamen Gang der Geschichte überrollt zu werden. Doch es gibt keine Zwangsläufigkeit der menschengemachten Geschichte. Hat es nie gegeben. Wir treffen Entscheidungen. Der Engel der Geschichte mag vom Sturm aus dem Paradies unaufhaltsam vorangetrieben werden – während sich hinter ihm die Trümmer türmen. Doch wer gibt ihm den Weg vor? Und wer bestimmt, dass hinter ihm nur Zerstörung bleibt?

Menschengemachtes Leiden ist eine Monstrosität, weder von Gott noch dem Schicksal vorgegeben. Von einem Schlächter wie Putin ist kein Einlenken zu erwarten. Und dennoch muss es einen Weg aus der behaupteten Zwangsläufigkeit geben. Wir müssen den Frieden wollen! Mehr wollen als militärische Stärke und das ewig alte, zerstörerische Skript von Dominanz und kriegerischer Gewalt.

Bascha Mika ist Publizistin und war lange Zeit Chefredakteurin der taz und Frankfurter Rundschau.

Klaus Dörre

Ungleichheit, Krieg und Ökozid

Was sind die Ursachen des Ukraine-Kriegs? Viele Antwortversuche beschränken sich darauf, Putins Psyche zu erkunden. Verloren geht, was der Ökonom Thomas Piketty in bestürzender Klarheit formuliert hat: Nimmt soziale Ungleichheit dramatisch zu, ohne dass korrigierende Maßnahmen eingeleitet werden, führt das in der Regel zu Krieg.

Die Russische Föderation bietet ein Lehrbeispiel. Sie gehört zu den großen Verlierern der Globalisierung. Es handelt sich um ein Staatengebilde mit ökonomisch nur noch semiperipherem Status, dessen Eliten jedoch Weltmachtgeltung beanspruchen. Für den russischen »Festungskapitalismus« wie für nahezu alle postsowjetischen Staaten ist charakteristisch, dass es sich um sozial tief gespaltene Gesellschaften handelt. Unter dem Einfluss westlicher Ratgeber, so der Historiker Philipp Ther, erfolgte die Privatisierung großer Unternehmen, bevor dafür ein institutioneller und rechtsstaatlicher Rahmen gegeben war:

> »Das Resultat war die Ausplünderung des Staates und die Bildung einer schmalen Schicht von Oligarchen. Katastrophal wirkte sich außerdem die Deindustrialisierung aus. Außer gewaschenem Geld von Oligarchen floss kaum ausländisches Kapital, weil es an Rechtssicherheit und für Exporte am freien Zugang für den Markt der EU mangelte.«

Während sich in den Städten nur vergleichsweise kleine Mittelklassen herausbildeten, die einen Markt für informelle, überwiegend schlecht bezahlte Dienstleistungstätigkeiten schufen, herrschte auf dem Land oftmals blanke Not. Die relative ökonomische Stabilisierung nach der Jahrtausendwende hat daran wenig geändert.

Zwar gelang der Russischen Föderation vor dem Ukraine-Krieg eine gewisse Diversifizierung ihrer Wirtschaft, doch die ökonomische Leistungsfähigkeit beruht bis heute hauptsächlich auf dem Export fossiler Energieträger.

Bis zu 43 Prozent seiner Einnahmen verdankt Russland dem Erdöl und dem Erdgas. 52 Prozent der Exporte sind mineralische Brennstoffe, Mineralöle und auf diesen Rohstoffen beruhende Erzeugnisse. Ihre Abhängigkeit von Naturressourcen impliziert, dass die Russische Föderation ohne radikalen wirtschaftlichen Strukturwandel unweigerlich zu den Verlierern einer Nachhaltigkeitswende in den Abnehmerstaaten gehören würde. Je rascher die Abkehr von fossiler Energie in den Käufermärkten gelingt, desto wertloser werden russische Öl- und Gasvorkommen. Eine rasche Abkehr von Ressourcenextraktivismus würde indes die sozialen Spannungen in der Russischen Föderation enorm verschärfen.

All dies dürfte dazu beitragen, dass die Zukunftsszenarien jenes Machtzirkels, mit dem sich der Autokrat Putin umgibt, ausgesprochen düster ausfallen. Die Aggressivität dieses Regimes hat hier eine ihrer wesentlichen Ursachen, denn das Zeitfenster, das für eine Korrektur des semiperipheren Status Russlands noch offensteht, schließt sich schnell. Militär und eine Bereitschaft zu einem brutalen Angriffskrieg sind die verbleibenden Machtressourcen, die sich im internationalen Staatensystem nur anwenden lassen, solange der Gegner von russischem Gas und Erdöl abhängig bleibt.

Mit der Aggression gegen die Ukraine forciert das Putin-Regime deshalb einen Krisenmechanismus, den der Ökonom James Galbraith als »Würgehalsband-Effekt« bezeichnet hat. In unsicheren Zeiten machen hohe Fixkosten für Gas und Öl die besondere Verwundbarkeit einer auf billigem und hohem Ressourcenverbrauch basierenden Wirtschaftsweise aus. Wie das Würgehalsband bei einem Hund verhindert wirtschaftliche und politische Instabilität nicht unbedingt jegliches Wirtschaftswachstum, doch die Preise für Energie – und darüber vermittelt auch für viele andere Güter – steigen schnell an, um, von spekulativen Manövern beeinflusst, zeitweilig wieder zu fallen. Das Auf und Ab beeinträchtigt die Profitabilität betroffener Unternehmen, ihre Investitionsbereitschaft sinkt rapide und Verteilungskämpfe nicht nur zwischen Klassen(fraktionen), sondern auch innerhalb der Staatsapparate gewinnen an Intensität.

Das Putin-Regime verfolgt eine aggressive Hochrisikostrategie, um sich diesen Effekt zunutze zu machen, obgleich es sich damit längerfristig wohl selbst schadet. Das politische System der russischen Föderation entspricht dem einer »imitierten Demokratie«. In diesem System können Spannungen, die aus klassenspezifischen Ungleichheiten hervorgehen, nicht in geeigneten demokratischen Institutionen ausgetragen werden. Eine Gesellschaft, in der sich 89 Prozent des Gesamtvermögens auf drei Prozent der reichsten Bevölkerung verteilen und in der ein Drittel der Bevölkerung vor dem Erreichen des Rentenalters stirbt, verfügt über kein System organisierter Arbeitsbeziehungen, das als soziales Korrektiv wirken könnte.

Der offizielle russische Gewerkschaftsdachverband FPNR positioniert sich regierungsnah, während der Dachverband KTR von Repressionen bedroht wird. Proteste wie in der Automobilindustrie und im Gesundheitswesen finden keinen angemessenen Ausdruck im politischen System. »Klassenpolitik in Russland«, so Jeremy Morris, komme in den Mainstream-Medien kaum vor; Arbeiterproteste und sozialer Aufruhr würden öffentlich ignoriert. Zugleich dürften Zweifel, dass russische Arbeiter »bei ihren Lebens- und Arbeitsstandards irgendwelche realen Verbesserungen erleben werden«, zu erheblichen Sympathieverlusten der Putin-Administration beigetragen haben. Nationalistische Mobilisierungen dienen deshalb auch der Befriedung nach innen, denn die Logik des Krieges erzeugt Gefolgschaft. Die Zustimmung zum Krieg liegt in der Bevölkerung des Landes nunmehr bei 60 bis 70 Prozent.

Was folgt daraus für den Westen? Zunächst: Soziale Ungleichheit hat während der zurückliegenden Jahrzehnte auch in den westlichen Demokratien dramatisch zugenommen. So ist die Armutsquote in der Bundesrepublik im Jahr 2021 mit 16,6 Prozent auf Rekordniveau gestiegen. Betroffen sind immer häufiger Menschen in regulärer Erwerbsarbeit. Gemessen an Anteilen am Bruttoinlandsprodukt ist der Anteil der unteren Hälfte der Einkommensbezieher am zu verteilenden Kuchen trotz ab 2013 wieder steigender Löhne weiter gesunken. Halten Preissteigerungen für Nahrungsmittel, Heizung und Energie, die der Krieg zusätzlich antreibt, länger an, dürften die Residualeinkommen deutlich sinken. Selbst für Durchschnittsverdiener mit einem realen Einkommen von monatlich 1578 Euro sind steigende Preise, auch im Falle von Doppelverdiener-Haushalten, zu einer erheblichen finanziellen Belastung geworden.

Diese Belastungen, die mit der so dringend nötigen sozial-ökologischen Transformation noch zunehmen werden, treffen in Deutschland wie überall in EU-Europa in erster Linie jene Klassen und Schichten, deren Emissionslast insgesamt zwar deutlich zu hoch, in Relation zu den höheren Klassen aber dennoch deutlich niedriger ist. Während die Emissionen des reichsten Prozents der Haushalte zwischen 1990 und 2015 um fünf Prozent und die des einkommensstärksten um drei Prozent gestiegen sind, haben sie bei der ärmeren Hälfte um 34 Prozent abgenommen. In Deutschland verursachten die reichsten zehn Prozent 26 Prozent der Emissionslast, die untere Hälfte war für 29 Prozent der Emissionen verantwortlich. Und während das reichste Prozent nichts einsparte, reduzierte die untere Hälfte ihre Emissionen um ein Drittel.

Zugespitzt formuliert bedeutet dies, dass sich auch im Westen eine strukturelle Ungerechtigkeit findet. Offenkundig ist die Produktion von Luxusartikeln für die oberen Klassen und deren Konsum durch begüterte Haushalte zur Haupttriebkraft eines Klimawandels geworden, unter dessen Folgen national wie global vor allem die ärmeren, sozial besonders verwundbaren Bevölkerungsgruppen zu leiden haben. Der oftmals erzwungene Konsumverzicht in den unteren Klassen bringt den wachsenden Anteil des einkommensstärksten oberen Zehntels der europäischen Bevölkerung im statistischen Mittel zum Verschwinden. Nur weil Personen mit kleinen Geldbörsen ihren Gürtel wegen sinkender Einkommen und steigender Preise enger schnallen müssen, sind die verschwenderischen Lebensstile der oberen Klassen überhaupt noch möglich.

In einer solchen Situation jährlich mehr als zwei Prozent des BIP für Aufrüstung reservieren zu wollen, kommt der Förderung eines schleichenden Ökozids gleich. Das für Waffen verausgabte Geld wird fehlen, um den katastrophalen Folgen von Klimawandel und Ressourcenverbrauch wirksam begegnen zu können. Dem militaristischen Getöse, das die Medien seit Ausbruch des Ukraine-Kriegs beherrscht, steht bereits jetzt die Schreckensmeldung gegenüber, dass die 100 Milliarden US-Dollar jährlich, die laut Kopenhagener Beschluss von 2009 weltweit zur Bekämpfung des Klimawandels verfügbar sein sollen, bisher nicht eingesammelt werden konnten.

Klimaschutz erfordert, in der eigenen Gesellschaft mit der Bereitschaft zu beginnen, schreiende soziale Ungleichheiten zu korrigieren, die Transformationskonflikte durch Sicherheitsgarantien für die direkt oder indirekt betroffene Arbeiterschaft abzufedern und die erwirtschaftete Friedens- und Sicherheitsdividende in eine schützende Infrastruktur zu investieren. Dafür ist unerlässlich, dass der demokratische Klassenkampf wieder größere öffentliche Aufmerksamkeit und politische Unterstützung erfährt. Organisierte Arbeitsbeziehungen, intakte Gewerkschaften und eine funktionierende Mitbestimmung sind Minimalanforderungen für Nachhaltigkeit und zugleich ein Qualitätsmaß für jede Demokratie.

In Deutschland ist der gewerkschaftliche Organisationsgrad auf 16 Prozent abgesunken, Tarifbindung und betriebliche Mitbestimmung sind seit Jahren rückläufig. Hier gilt es anzusetzen, wenn vermieden werden soll, was sich zuletzt in den französischen Präsidentschaftswahlen angedeutet hat: Im zweiten Wahlgang stimmten mehr als 40 Prozent der Wahlberechtigten für die rechtsradikale Kandidatin Marine Le Pen. Diese propagiert ein Wertesystem, das in seiner Verachtung des westlichen Liberalismus und seiner antieuropäischen Stoßrichtung dem Putinismus ähnelt. Mit dieser Ausrichtung erzielte sie in der Stichwahl unter den Arbeitern sage und schreibe 67 Prozent. Zielsicher hatte sich Le Pen steigende Preise für Energie, Heizung, Nahrungsmittel und Mobilität zum Wahlkampfthema Nummer eins gemacht. Das konnte ihr gelingen, weil in Frankreich klassenspezifische Ungleichheiten zunehmen, während die regulative Kraft organisierter Arbeitsbeziehungen seit Langem rückläufig ist. Das muss sich hier wie dort ändern, wenn völkischem Nationalismus und aggressivem Bellizismus der Boden entzogen werden soll.

Dr. Klaus Dörre ist Professor für Soziologie an der Universität Jena.

Wolfgang Merkel
Je früher Verhandlungen beginnen, umso mehr Leben werden gerettet

»Der Krieg ist eine bloße Fortsetzung der Politik mit anderen Mittel«, so lautet das wohl bekannteste Zitat aus *Vom Kriege* von Carl von Clausewitz. Der Krieg habe seine »eigene Grammatik, nicht aber seine eigene Logik«, so schrieb der politisch denkende Generalmajor, die Politik sei »die Intelligenz, der Krieg aber bloßes Instrument und nicht umgekehrt«. Es ist diese Verselbständigung kriegerischer Logik, ihre Dominanz im politischen Diskurs, das Vergessen der Möglichkeiten der Politik, die uns antreibt, die vornehmliche Haltung zum Ukraine-Krieg zu kritisieren. Die Kritik, nicht zuletzt aus den (sozialen) Medien, kam prompt, direkt, massiv, bisweilen den Tatbestand der Beleidigung erfüllend: naiv, Umkehr von Opfern und Tätern, Träumer und – unvermeidlich – Putin-Versteher.

Es geht nicht um das Offensichtliche, nicht um die Schuldfrage, nicht um ein mittlerweile ritualisiertes Bekenntnis, dass Putin der Aggressor ist, ein Kriegsverbrecher und Autokrat. Putin ist all dies und noch mehr. Er hat die fundamentalste Norm des Völkerrechts, das Gewaltverbot der UN-Charta, gebrochen. Dafür gibt es keine Rechtfertigung, nicht einmal jene, dass dies im 21. Jahrhundert auch schon eine andere Großmacht, eine demokratische dazu, getan hat. Doch was folgt aus dieser Schuldfeststellung für kluges, ethisch verantwortbares politisches Handeln?

Hier brechen die eigentlichen Fragen auf. Welche Lösungen wir auch immer denken, es werden Dilemmata sichtbar, nicht beabsichtigte Konsequenzen drohen, niemand bleibt ohne »schmutzige Hände« (Jean-Paul Sartre). Worüber streiten wir so erbittert? Es sind, vereinfacht formuliert, zwei Alternativen:

- Die eine besagt, wir, der Westen, müssen Waffen liefern – sofort, massiv, bedingungslos.
- Die andere fußt in der Überzeugung, wie massiv die Waffenlieferungen auch sein mögen, sie brechen nicht die Eskalationsdominanz des politisch-militärischen Blocks des Putin-Regimes, sondern verlängern den Krieg. Sie kosten zusätzliche Menschenleben, Tag für Tag, Woche für Woche, Monat für Monat.

[...]

Je früher die kaum zu vermeidenden Verhandlungen beginnen, umso mehr Leben werden gerettet.

[...]

Es gab am Anfang des Krieges Verhandlungen beider Kriegsparteien, und die ukrainische Seite war aus heutiger Sicht zu weitreichenden Konzessionen bereit. Dies hat sich, nicht zuletzt auf

US-amerikanischen Druck hin, geändert und die Kriegsziele wurden ausgedehnt bis hin zur Zurückeroberung der Krim. Seitdem ist auf der Ebene von Verhandlungen nichts mehr Bedeutsames geschehen. Was deshalb gefordert werden kann – ja muss –, ist eine konzertierte Aktion der westlichen Demokratien, die China überzeugt, dass eine gemeinsame Politik der Kriegsbeendigung auch für sie eine ökonomische und sicherheitspolitische Friedensdividende abwerfen dürfte.

Verzichtet der Westen auf derlei Überzeugungsversuche und trägt zu einer Verlängerung des Krieges bei, wird er Russland in die Arme von China treiben und gegen die eigenen Interessen zu einer sino-russischen Blockbildung beitragen.

Dr. Wolfgang Merkel ist Professor für Politikwissenschaft und war viele Jahre Direktor am Wissenschaftszentrum Berlin. Der vorliegende Beitrag erschien auf tagesspiegel.de und wurde in gekürzter Form vom Autor bereitgestellt.

Luca Samlidis
Der Weg aus dem Krisenmodus

»Wir können uns unglaublich glücklich schätzen, dass wir hier in Europa in Frieden aufwachsen.« – Ich kann rückblickend nicht zählen, wie oft meine Eltern in meiner Kinder- und Jugendzeit diesen Satz zu mir sagten. Mir war ab einem bestimmten Alter zwar klar, dass Frieden keine Selbstverständlichkeit ist, doch dass es keine 20 Jahre dauern würde, bis nur 1 500 Kilometer entfernt von uns Häuser zerbombt werden, unschuldige Zivilisten sterben und schrecklichste Verbrechen gegen die Menschlichkeit begangen werden – das habe ich mir in meinen schlimmsten Albträumen nicht vorstellen können.

Wladimir Putin hat sich dafür entschieden, mit seinem völkerrechtswidrigen und verbrecherischen Angriff auf die Ukraine für eine dramatische Verschlechterung der Weltlage zu sorgen, gegen jede Vernunft und gegen jede Menschlichkeit. Und das in einer Zeit, in der wir eine weltweite Pandemie mit zahlreichen Opfern noch längst nicht überstanden haben, der Krieg in der Ukraine bei Weitem nicht der einzige Krieg ist und wir sehenden Auges in eine Klimakrise marschieren, die Folgen haben wird, die wir uns nicht einmal ausmalen können. Wir sind in einem kaum noch zu überblickenden Krisenmodus.

Ich bin überzeugt davon, dass Waffen keinen nachhaltigen Frieden bringen. Das mögen manche für naiv halten. Aber ich bin noch längst nicht an dem Punkt, an dem ich daran glauben möchte, dass die einzige Möglichkeit zur Verhinderung eines Weltkriegs ist, möglichst viele Nationen mit so weitreichenden Waffensystemen und Atombomben auszustatten, dass jede einzelne von ihnen die Welt im Alleingang dutzendfach zerstören könnte. Diesen Punkt will ich niemals erreichen.

Es ist mehr als nachvollziehbar, dass in einer Situation wie dieser die Frage nach der Relevanz von militärischer Ausstattung und Rüstung wieder verstärkt diskutiert wird. Dass die Ukrainer:innen sich selbst verteidigen, ist nur folgerichtig – und dass die Europäische Union sie dabei unterstützt, ist, wenn man die eigenen Grundwerte ernst nimmt, eine Sache des Anstands. Wladimir Putins Krieg ist nicht nur ein Krieg gegen die Ukraine, sondern gegen Demokratie und Freiheit. Ukrainer:innen verteidigen diese Werte gerade, zum Teil mit dem eigenen Leben. Dieses Bewusstsein scheint uns manchmal zu fehlen.

Die Frage, mit welchen Mitteln und an welchen Stellen die Europäische Union die Ukraine unterstützen muss, ist komplex. Dass zur Verteidigung von Menschenleben kurzfristig auch europäische Waffen benötigt werden, ist schmerzhaft – aber aktuell leider die Realität. Mich erschreckt jedoch eines: Während auf jeder zweiten Titelseite und jedem dritten Fernsehsender die Waffenfrage diskutiert wird, scheint ein Thema nahezu in Vergessenheit zu geraten:

welche Möglichkeiten Europäische Union und Vereinte Nationen haben, auf diplomatischem Wege kurzfristig einen Waffenstillstand und langfristig gesicherten Frieden zu unterstützen. Denn auch die Waffenfrage muss langfristig an einen Punkt führen, an dem das Töten endet.

Es wird womöglich eine sehr, sehr lange Zeit dauern, bis Frieden und Abrüstung wieder in greifbare Nähe kommen. Auf diesen Weg nach wie vor hinzuarbeiten, ist jedoch vollkommen richtig. Einseitiger Verzicht auf militärische Infrastruktur wird uns nicht ans Ziel bringen – die langfristige Stärkung internationaler Kooperation bietet diese Chance jedoch. Reine Handelsbeziehungen können im Übrigen nicht leisten, was interkultureller Austausch leisten kann. Das mag »weich« klingen, ist aber dennoch richtig. Und gerade, wenn wir uns vor Augen führen, in welche desaströse Zwickmühle uns die massive fossile Energieabhängigkeit von Russland geführt hat, wird deutlich, dass Frieden sich in wesentlichen Fragen auch mit Unabhängigkeit überschneidet. Es ist längst überfällig, diesen Weg einzuschlagen. Und es gibt viele gute Gründe dafür.

Die Krisen dieser Zeit haben eine solche Tragweite, dass sie nicht mehr national gelöst werden können. Dieser Herausforderung werden wir uns stellen müssen. Krieg, Klima, Armut, Pandemie – die Agenda ist lang und es ist manchmal schwierig, die Hoffnung nicht zu verlieren. Und doch bin ich nicht bereit, die Überzeugung aufzugeben, dass dies gelingen kann. Mein größter Wunsch ist, meinem Patenkind bald etwas Ähnliches sagen zu können wie das, was mir in meiner Kinder- und Jugendzeit gesagt wurde: »Wir können uns glücklich schätzen, dass wir in einer friedlichen Welt leben.« Das ist nicht selbstverständlich. Jede:r von uns muss etwas dafür tun, dass das so bleibt.

Luca Samlidis hat unter anderem die Fridays-for-Future-Bewegung bundesweit mit aufgebaut. Er arbeitet als freier Moderator.

II. Ein Plan für den Frieden: Die Selbstbehauptung Europas

»In diesem Jahrhundert steht die Selbstbehauptung der europäischen Zivilisation auf dem Spiel«

Helmut Schmidt

Die Initiative für einen Waffenstillstand in der Ukraine und für eine dauerhafte Friedensarchitektur muss vor allem von Deutschland und Frankreich ausgehen. Die Selbstbehauptung Europas ist die Voraussetzung für einen Frieden. Die USA haben kein Interesse an einem starken Europa mit Russland. Stattdessen soll es zu einer »globalen NATO« unter der Dominanz der USA kommen. Die Gefahr wächst, dass es zu einer neuen Militarisierung der Welt kommt.

Wer stoppt die Eskalation?

Der Krieg in der Ukraine ist in erster Linie eine Herausforderung Europas, nicht der NATO und auch nicht der USA, die in der NATO den wichtigsten Schlüssel für eine Entspannung mit Russland in der Hand haben, aber offenkundig nicht nutzen wollen. Das ist der Stopp der NATO-Osterweiterung. Noch immer kündigt Washington an, man könne und würde der Ukraine über Jahre hinaus Waffen liefern.[1] Der frühere EU-Erweiterungskommissar Günter Verheugen fürchtet, dass die US-Politik nur darauf abziele, Russland größtmöglichen Schaden zuzufügen.[2]

Das hat eine Vorgeschichte: Die Neokonservativen in der amerikanischen Außenpolitik wollten 1990, nach dem Fall der Berliner Mauer, als die Welt von einer Pax Americana bestimmt war, keine gesamteuropäische Friedenslösung unter Einschluss der Sowjetunion (oder Russlands), wie sie im Anschluss an die Charta für ein neues Europa möglich schien. Sie tragen die Hauptverantwortung für die schiere Arroganz der Unterlassungen im Hinblick auf eine europäische Sicherheitsordnung in den vergangenen Jahrzehnten.

Präsident George H. W. Bush präsentierte die New World Order, die unter der Dominanz der USA stand und die Welt nach Gut und Böse einteilte. Sein Sohn, der spätere Präsident George W. Bush war zusammen mit seinem Vizepräsidenten Dick Cheney die treibende Kraft bei der Osterweiterung der NATO, die indessen schon unter dem Amtsvorgänger Bill Clinton in Gang gesetzt worden war. Darüber gibt es präzise Aufzeichnungen. Hätte man auf den Realismus des amerikanischen Geheimdienstes gehört, der vor einem »the winner takes it all« warnte, wäre die Entwicklung anders verlaufen.

Die Rolle der Europäer

In entscheidenden Phasen Europas setzte sich nach 1990 die unilaterale Dominanz der USA durch. Vor allem das Streben nach Wachstum und Geld hat die Ideale passfähig gemacht, die der Westen für sich beansprucht, vor allem Freiheit und Menschenrechte. Statt Verständigung zu suchen und alles vom Ende her zu denken, wurde die Zuspitzung gesucht. Hierin sieht der liberale US-Ökonomen Jeffrey Sachs die Hauptursache für die Verschärfung der Krise. Zusammen mit Persönlichkeiten aus einer Vielzahl von Ländern fordert er: »Die Trommelschläge des Kriegs müssen den Worten des Friedens weichen.«[3]

Heute erodiert die Stärke der USA in der internationalen Politik, das ist sicher auch ein Grund für die Haltung der USA. Die Position des jetzigen Präsidenten Joe Biden ist schwächer geworden. Die Republikaner, die unter dem starken Einfluss Donald Trumps weit nach rechts gedriftet sind, können bei den Midterm-Wahlen im November an Einfluss gewinnen. »America first« steht einer Weltinnenpolitik entgegen.

Möglicherweise wird der Krieg in der Ukraine zum Wendepunkt in der Weltpolitik. Die westlichen Staaten bleiben unter sich, zuletzt 2022 beim Gipfeltreffen der G7 in Elmau. Zwar waren als Gäste Argentinien, Indien, Indonesien, Senegal und Südafrika eingeladen, um – so die Begründung – die Demokratie weltweit zu stärken. Die Mehrheit dieser Länder hat indessen die Sanktionen gegen Russland nicht unterstützt. China hingegen wurde gar nicht erst eingeladen. Das geschieht in einer Welt, die beständig kleiner wird und ständig mehr überlastet ist. Ländern des Westens gibt es immer häufiger Engpässe bei wichtigen Rohstoffen, auch finanzpolitisch droht ein Verlust an Handlungsmöglichkeiten und Einfluss Krise und Rezession drohen. Die weltpolitischen Kräfteverhältnisse verschieben sich. Die BRICS-Staaten verfügen über eine erhebliche Stärke in der Rohstoffpolitik, gewinnen technologischen Einfluss und arbeiten an einer Abkehr vom Leitwährungssystem und damit von der Dominanz des Dollars.

Die Wut wächst, je mehr sich der Krieg weltweit auswirkt und auch die Sanktionen gegen den Krieg gravierende Folgen haben. Die UN kam bereits im Mai 2022 zu dem Ergebnis, dass 1,7 Milliarden Menschen in 107 Ländern mindestens durch drei Kriegsfolgen betroffen sind: steigende Lebensmittelpreise, steigende Energiekosten und verschlechterte Finanzbedingungen.[4] Wie soll in dieser immer tiefer gespaltenen Welt die Klimakrise gelöst werden, zumal angesichts heraufziehender ökonomischer Krisen Inflation, Armut und Arbeitslosigkeit zunehmen und den Umbau erschweren?

Der Westen hat nicht nur ein Problem mit Russland. Zu wenig verstanden ist, dass er mit den Ländern des globalen Südens nicht mehr so umspringen darf, wie er das oft getan hat. Und waren die USA nicht auch an Umsturzversuchen beteiligt wie beispielsweise in Venezuela oder an militärischen Interventionen wie im Irak, die nicht vom Völkerrecht gedeckt waren? Was hat der Westen dazu gesagt? Gegen die amerikanischen Verbündeten Saudi-Arabien, die Golf-Staaten oder auch China ist von offizieller Seite kaum ein kritisches Wort zu hören gewesen. Im Zweifelsfall war und ist das Streben nach Wachstum und Geld wichtiger, besonders wenn es um Rohstoffe geht.[5] Um an Gas zu kommen, machte Wirtschaftsminister Robert Habeck eine ganz tiefe Verbeugung vor dem Emir und Handelsminister von Katar. Im Jahr 2020 lag Russland bei dem weltweiten Demokratieindex auf dem Platz 144, Katar auf Platz 164.

Der Druck aus dem globalen Süden nimmt zu, Südafrika fordert bereits jetzt angesichts befürchteter Hungerkatastrophen ein schnelles Ende der Kämpfe in der Ukraine. Das richtet sich zuerst an Russland, aber auch an die Ukraine und ihre Verbündeten, schnell Friedenverhandlungen zu beginnen. Solche Forderungen kommen aus Asien, Afrika wie auch aus Brasilien, dessen möglicherweise neuer Präsident Lula da Silva die Haltung vieler Staaten des globalen Südens in einem Interview mit der US-Zeitschrift *Time* auf den Punkt bringt:

> »Der Krieg ist schrecklich, er tötet aber auch hier Millionen Menschen. [...] Biden hätte den Krieg verhindern können, statt ihn zu befeuern. [...] Biden hätte ein Flugzeug nach Moskau nehmen können, um mit Putin zu reden. Das ist die Art von Haltung, die man von einer Führungsperson erwartet.«[6]

Unbestritten ging der Krieg von Russland aus. Aber die Frage liegt nahe, warum der Westen nicht vorher auf Putins Beschwerden und seine Vorschläge für mehr Zusammenarbeit eingegangen ist.

Putin war zeitweise sogar bereit, Russland in die NATO zu führen. Das wäre für die USA nicht attraktiv, weil sich der Charakter des Bündnisses im Hinblick auf den Aspekt, ein Instrument amerikanisierter Hegemonie zu sein, zwangsläufig ändern würde. Die Erhöhung der Rüstungsausgaben auf mindestens zwei Prozent des BIP wurde auf dem NATO-Gipfel am 21.11.2011 in Prag noch unverbindlich als Antwort auf den Terrorakt vom Elften September festgelegt.

Doch am 04.09.2014 wurden die zwei Prozent auf dem NATO-Gipfel in Newport/Wales als Zielvorgabe festgeschrieben, die in den folgenden zehn Jahren in allen Mitgliedsstaaten erreicht werden sollte. Die Festschreibung geschah also nach den Maidan-Konflikten in der Ukraine und den Warnungen Putins vor einer Osterweiterung der NATO. Der Bundestag hat nicht entschieden. Weder in Europa noch weltweit kann die immer weitere Militarisierung der Politik eine Antwort sein, sondern diese entzieht der Politik die friedlichen Mittel der Konfliktlösung.

Von daher gibt es viele Gründe, warum die europäische Politik die Aufgabe hat, sich von militärischen Dogmen zu befreien und damit eine wichtige Voraussetzung für den Frieden in der Ukraine zu schaffen. Statt es den Talkshows zu überlassen, immer schärfere Töne für die Lieferung von Waffen anzuschlagen und eine fragwürdige Bühne für einen diesbezüglichen Überbietungswettbewerb zu bieten, muss die Politik vor allem die Frage beantworten, wie der Krieg schnell beendet werden kann. Wie kann eine diplomatische Lösung aussehen, von der auch der ukrainische Präsident immer wieder spricht?[7]

Gründe für einen selbstbewussten Einsatz der EU und ihrer Mitgliedstaaten für eine Friedenslösung in der Ukraine liegen auf der Hand: eine Sicherheitsperspektive für alle europäischen Staaten in einer Ordnung, die den Frieden dauerhaft garantiert, negative ökonomische und soziale Auswirkungen ausschließt, eine Energie- und Rohstoffkrise verhindert, die Lebensmittelversorgung sichert und eine Konzentration auf die gemeinsame Bekämpfung der Klimakrise möglich macht. Das sind Voraussetzungen für eine Stärkung und Selbstbehauptung Europas.

Es wäre zu wünschen, dass die Organisation für Sicherheit und Zusammenarbeit (OSZE), die am 01.01.1995 aus der KSZE hervorging, die organisatorischen und inhaltlichen Voraussetzungen schafft. Doch ein »Helsinki 2« ist ein sehr komplizierter Prozess, zumal die OSZE inzwischen 57 Teilnehmerstaaten hat, zu denen auch die beiden Kriegsparteien sowie die USA, Kanada und die Nachfolgestaaten der UdSSR gehören. Vermutlich wird die OSZE erst im weiteren Verlauf wieder handlungsfähig werden.

Wer baut neue Brücken?

Auch innerhalb der EU gibt es nur geringe Chancen auf eine Verständigung über einen friedenspolitischen Weg mit diplomatischen Mitteln. Vor allem von ostmitteleuropäischen Mitgliedsstaaten kommt aufgrund von historischer Erfahrungen erheblicher Widerstand, wenn es um Russland geht. Weil aber die Zeit drängt, sollten die Kernländer der EU – vor allem Deutschland und Frankreich – die Initiative ergreifen, die einen Waffenstillstand in der Ukraine, eine Verhandlungsgrundlage für gemeinsame Gespräche mit der Ukraine und Russland und den Vorschlag für eine Friedensordnung in Europa umfasst. Günstigenfalls sollte das zusammen mit der Kommission geschehen, notfalls ohne sie.

Dennoch: Das, was Nelson Mandela zur Apartheid in Südafrika gesagt hat, stimmt auch für die Ukraine und Russland: »Wenn wir ein Ende des Krieges wollen, müssen wir mit den Feinden verhandeln.« Vor allem muss in dieser heiklen Situation Sprachfähigkeit zwischen den Beteiligten gefördert und verbessert werden. Der Westen muss mit Selenskyj und Putin reden und mit allem Nachdruck versuchen, beide an einem Tisch zusammenzubringen.

NATO und USA sind eng mit der Europäischen Union verbunden, speziell mit Deutschland. Doch beide sind keine europäischen Akteure, sondern vertreten spezifische »atlantische« Interessen. Die NATO hat sich bis an die Grenze der Ukraine erweitert, obwohl sie am 04.04.1949 als Nordatlantisches Verteidigungsbündnis gegründet worden war, um die Ausdehnung der Sowjetunion bzw. des Ostblocks über die Elbe hinaus nach Westen zu verhindern. Jetzt sollen sogar noch Moldawien und Georgien dazukommen.

Eine europäische Initiative, zu einem schnellen Waffenstillstand zu kommen, liegt im gemeinsamen Interesse der Ukraine und der Europäischen Union. Die Sanktionen, die die EU eingeleitet hat, treffen nicht nur Russland, sondern wirken sich in einem wachsenden Umfang auch auf die Europäische Union aus: Der Euro bricht ein, Lieferketten werden unsicher, die Preise für Energie und Lebensmittel explodieren, die Inflation ist hoch, die Wirtschaft angeschlagen. Die negativen Folgen des Krieges sind stärker als erwartet und sie drohen sich weiter zu steigern. Statt zu einem Frieden kommt es zu einer Eskalation sowohl des Krieges als auch der Kriegsfolgen – nicht zuletzt deshalb, weil es trotz der vielfältigen Bekenntnisse zum Klimaschutz kein Konzept der Bundesregierung und der Europäischen Kommission gibt, die Ressourcenintensität der EU-Staaten sozialverträglich zu verringern. Die Preissteigerungen bei Gas sollen in Deutschland mit einer Abgabe auf die Endkunden aufgefangen werden. Mit Klimaschutz hat das nichts zu tun, verschärft aber die soziale Verteilungsfrage.

Der Krieg stellt die Frage nach der Selbstbehauptung Europas, also auch nach aktiver Friedenspolitik. Die Vergangenheit hat gezeigt, dass eine Friedens- und Entspannungspolitik möglich ist. Bei aller berechtigten Kritik an dem völkerrechtswidrigen Krieg wäre es falsch, die historischen Erfolge dieser Politik nachträglich kleinzureden. Sie ist nicht die Ursache des Ukraine-Krieges. Ihr Ergebnis war die deutsche Einheit und das Ende der europäischen Spaltung.

Es geht nicht um unterwürfige Zugeständnisse an Putins Großmachtideologie, aber Frieden ist ohne eine Einbeziehung Russlands nicht vorstellbar. Das hat nichts mit moralischem Relativismus gegenüber dem Ukraine-Krieg zu tun, aber viel mit der Einsicht, dass es einer europäischen Initiative bedarf, um den Krieg zu stoppen und zu einer gesamteuropäischen Sicherheitsordnung zu kommen. Eine solche ist auch deshalb notwendig, weil andernfalls Europa in der globalen Welt weiter an Bedeutung verliert. Oder soll der Krieg mit immer schwereren Waffen endlos fortgeführt werden? Zu Lasten der Menschen in der Ukraine und aller europäischen Staaten. Die Zeit drängt. Russland hat die militärische Eskalationsdynamik auf seiner Seite, die von Flächenbombardements auf Großstädte über Napalm-Einsätze bis zu chemischen Kampfstoffen noch viele Stufen kennt. Mitte Juli 2022 erfolgte bereits eine Teilmobilisierung des logistischen Hinterlandes, von dem aus die russische Armee mit einer vielfach höheren Feuerüberlegenheit operieren kann.

Erwartungen an Deutschland

Die EU kann im Ukraine-Krieg zu einem eigenen geostrategischen Akteur werden, wenn sie eine von den USA unabhängige Politik für Gesamteuropa beginnt. Ihre Führung in Brüssel scheint dieser Aufgabe allerdings nicht gewachsen zu sein. Die europäische Kommissionspräsidentin Ursula von der Leyen, der Präsident des Europäischen Rates Charles Michel und der Hohe Vertreter für Außen- und Sicherheitspolitik Josep Borrell lassen nicht erkennen, dass sie eine konkrete Vision für ein Europa des Friedens und der Zusammenarbeit haben. Dabei waren Willy Brandt, Gro Harlem Brundtland und Olof Palme europäische Politiker, die in den 1980er-Jahren den Vereinten Nationen weitreichende friedenspolitische Konzepte vorgeschlagen haben, die bis heute aktuell sind.

Entspannungspolitik oder wertegebundene Außenpolitik

Eine Politik der Entspannung und gemeinsamen Sicherheit hat eine werteorientierte Grundlage, aber sie beachtet genauso die Interessen aller Beteiligten und die realpolitischen Zusammenhänge. Das unterscheidet sie von dem, was heute als wertegebundene Außenpolitik gefordert wird. Diese geht nicht zuletzt auf Zbigniew Brzezinski zurück, der von 1977 bis 1981 Sicherheitsberater von US-Präsident Jimmy Carter war und der ein Beispiel dafür ist, dass eine derartige Politik, die einen konsequenten Unilateralismus verfolgt und durch dieses Dogma eine pragmatische Friedens- und Entspannungspolitik relativiert, in eine Sackgasse führen kann. Brzezinski hat fundamentalistische Bestrafungen in Afghanistan und selbst in Osteuropa gefördert, um die UdSSR in Schwierigkeiten zu bringen.[8] In den USA trat Brzezinski als ein Gegenspieler zu den Außenministern Henry Kissinger und Cyrus Vance auf, die stärker auf Kooperation und Zusammenarbeit setzten.

Der Ruf nach einer derartigen »wertegebundenen Außenpolitik« ist jüngst wieder lauter geworden. Darüber sollte freilich kräftig gestritten werden. Brzezinski verfolgte einen strikten Unilateralismus und eine Politik globaler amerikanischer Stärke, Europa sollte dabei von den USA abhängig sein bzw. bleiben. Er wird im Hinblick auf den Ukraine-Krieg als Kronzeuge genannt, weil er in seinem Buch *The Grand Chessboard* von 1997 prognostizierte, dass die Ukraine der Schlüssel für Russlands Zukunft und für den Frieden in Europa sein würde.[9] Der deutsche Buchtitel verrät genauer, um was es dem Autor geht: *Die einzige Weltmacht – Amerikas Strategie der Vorherrschaft*. Etwa mit Donald Trump an der Spitze?

Erstens sind die Zweifel groß, ob eine solche Politik im globalen Zeitalter, in der die Welt auf Gegenseitigkeit angewiesen ist, überhaupt durchführbar ist. Stimmen, die sich in ähnlicher Weise vor Jahrzenten gegen die Friedens- und Entspannungspolitik von Willy Brandt und Helmut Schmidt ausgesprochen haben und in der Kooperation mit der Sowjetunion sogar eine Ursache für den heutigen Ukraine-Krieg sehen, sind lauter geworden. Sie verlangen eine Politik der Stärke statt eine der Entspannung und Kooperation. Natürlich gehörte zu den vertrauensbildenden Maßnahmen der Entspannungspolitik auch die Suche nach einer Zusammenarbeit, beispielsweise mit kommunistischen Parteien, um schrittweise zu einer Erweiterung des Bewegungsspielraums der Bürgerinnen und Bürger zu kommen. Es ging um Vertrauensbildung und um »Wandel durch Annäherung« und nicht allein – wie heute polemisch verkürzt wird – um »Wandel durch Handel«. Die Entspannungspolitik war eine Realpolitik, die menschliche Erleichterungen und letztendlich die Förderungen der Durchsetzung von Menschenrechten zum Ziel hatte. Darum muss es auch heute gehen, wenn auch in neuen Formen.

Zweitens läuft eine derartige Politik auf einen Unilateralismus hinaus, die verbindliche Durchsetzung einer amerikanischen Definitionsmacht, was ihre globalen Interessen betrifft, als vermeintliche Menschheitsinteressen. Bei einer westlichen »Bevormundung« kommen im globalen Süden auch historische, doch fortwirkende Belastungen wie Kolonialismus, Rassismus, Hegemonismus sowie Unterdrückung und Gewaltausübung in Betracht. Dahinter stehen nicht zuletzt die die Weltmärkte dominierenden wirtschaftlichen Verwertungsinteressen und die internationale kapitalistische Handels- und Finanzordnung mit der Wall Street im Zentrum.

Ein strikter Unilateralismus ist auch deshalb nicht realisierbar, weil er den großen Verschiebungen und Neuordnungen, die auf der Welt stattfinden, nicht gerecht werden kann, genauso wenig wie den sozialen und ökologischen Herausforderungen. Bleibt die Frage nach den russischen, amerikanischen und chinesischen Atomwaffen, die einen Overkill möglich machen, aber auch die der anderen Atomwaffenstaaten Frankreich, Großbritannien, Indien, Israel, Nordkorea und Pakistan. Nicht hinnehmbar sind die Blockaden und Hemmnisse der letzten Jahre bei den Abrüstungs- und

Rüstungskontrollverhandlungen. Es wäre falsch, die Schuld dafür allein oder vorwiegend der russischen Führung zu geben. Die Initiative zur Aufkündigung des INF-Vertrages ging von US-Präsident Donald Trump aus.

Doch selten gab es in der Vorbereitung einer Sicherheitstagung so wenig Hoffnung wie bei der Atomwaffensperrvertragskonferenz am 01.08.2022 in New York. Die Aussichten sind düster, selbst ein Verbot des Ersteinsatzes von Atomwaffen erscheint aussichtslos. Doch der Atomwaffensperrvertrag bleibt der Lackmustest, ob die Welt es mit Frieden, Sicherheit und Abrüstung ernst meint.

Dominanz der USA

Warum konnte sich die Dominanz der USA derart durchsetzen, dass selbst eine friedliche Energiepartnerschaft mit Russland so diskreditiert wird, als sei sie ein Verbrechen? Nach dem historischen Jahr 1990 und dem Erdgipfel von Rio de Janeiro 1992 wurden die großen Leitideen der Vereinten Nationen für eine Nord-Süd-Zusammenarbeit, eine gemeinsame Sicherheit und eine nachhaltige Zukunft nicht zur Grundlage für eine Weltinnenpolitik. Borrell verurteilt Russland, weil es sich nicht an die internationale Ordnung hält, die auf den allgemein anerkannten Regeln des Völkerrechts beruht. Das ist richtig, aber das gilt angesichts der letzten Jahrzehnte, in denen immer wieder das Recht des Stärkeren entscheidend war, für diverse Kriege auf der Welt. Es entspricht einer Doppelmoral, das nicht zu sehen. Auch westliche Mächte haben das Völkerrecht ignoriert.

Es ist falsch, wenn Borrell die Lieferung schwerer Waffen als die wichtigste Aufgabe zur Schaffung des Friedens in der Ukraine bezeichnet. Er spricht – wie er selbst eingesteht – die Sprache des Militärs.[10] Doch seine Aufgabe als Außenvertreter der EU sollte sein, die Sprache der Diplomatie beutzen, europäische Eigenständigkeit zu zeigen und den Weg für einen gesamteuropäischen Frieden zu ebnen.

Das geschieht nicht, zumindest bislang nicht. Die USA demonstrieren den europäischen Partnern ihre Dominanz im Bündnis. Ein Beispiel dafür ist die Pressekonferenz beim Antrittsbesuch von Bundeskanzler Olaf Scholz am 07.02.2022 im Weißen Haus, als US-Präsident Joe Biden das Aus der Gaspipeline Nord-Stream 2 von Russland nach Lubmin verkündete.[11] Deutschland ist ein eigenständiger Staat, sogar das wirtschaftlich stärkste Land in der EU, das seine europäischen und nationalen Interessen selbst zu vertreten hat. Das ist eine Frage der Souveränität, die auch von den USA zu akzeptieren wäre.

Nach Kiew sind bereits viele Spitzenpolitiker aus der EU gereist. Neben der EU-Führung ost- und mitteleuropäische Regierungschefs sowie Scholz, Italiens Draghi und Frankreichs Macron. Einige, wie die letzten drei, waren auch zu Gesprächen mit Putin in Moskau. Aber einen konkreten Vorschlag für einen Waffenstillstand und für einen Frieden in der Ukraine, der beide Seiten an den Verhandlungstisch bringen könnte, gibt es bis heute nicht.

Als Antwort auf den Krieg setzen die EU-Staaten vor allem auf die weitere Aufrüstung der Ukraine, die das auch selbst lautstark fordert. Das unterstützen die Spitzen der Europäischen Union, zumal vor allem in den ost- und mitteleuropäischen Staaten aus historischen bzw. ideologischen Gründen die Angst vor und die Aversionen gegen Russland groß sind. Sie fordern eine Ausweitung der NATO-Präsenz in ihren Ländern. So wird die schnelle Eingreiftruppe der NATO von 40 000 auf 300 000 erhöht. Im Ernstfall hat der Oberbefehlshaber in Europa (Supreme Allied Commander Europe, kurz SACEUR) das Kommando, derzeit ist das der US-General Christopher G. Cavoli. Die europäischen NATO-Staaten geben in Addition schon jetzt weit mehr für das Militär aus als Russland. Und das wird mit der generellen Einhaltung des Ziels, zwei

Prozent des Bruttoinlandsprodukts für den Militär-Etat bereitzustellen, noch gesteigert werden.

Während immer mehr schwere Waffen in das Kriegsgebiet geliefert werden, bleibt unklar, was das Ziel der westlichen Unterstützung in der Ukraine ist. Dabei zeigt sich auch eine Bruchlinie: Einige Staaten, vor allem im ost- und mitteleuropäischen Raum, denken an eine – militärisch illusionäre – Niederlage Russlands. Verschiebt sich in der Ukraine das Kriegsziel mit entsprechenden strategischen Konsequenzen vom Recht auf Selbstverteidigung hin zu dem Versuch, Russland militärisch zu besiegen? Was wird dann passieren? An eine gesamteuropäische Perspektive wäre nicht mehr zu denken.

Bundeskanzler Scholz ist offenbar bestrebt, die Militärhilfen an die Ukraine so weit zu begrenzen, dass es nicht zu einer direkten Kriegsbeteiligung der NATO kommt. Wo aber liegt die Grenze, wenn immer schwerere Waffen geliefert werden, was auch von führenden Mitgliedern der Regierungsfraktionen gefordert wird?[12] Selbst Außenministerin Annalena Baerbock erklärt: »Die Ukraine muss den Krieg gewinnen.«[13] Dagegen warnt Jürgen Habermas vor dem Risiko eines Weltenbrandes: »Mich irritiert die Selbstgewissheit, mit der in Deutschland die moralisch entrüsteten Ankläger gegen eine reflektiert und zurückhaltend verfahrende Bundesregierung auftreten.«[14]

In erster Linie muss es darum gehen, den Krieg zu stoppen und schnell zu einem Frieden in Europa zu kommen. Die Ukraine darf nicht zum Bauernopfer für das geostrategische Interesse der USA werden, Russland zu schwächen. Die Menschen in der Ukraine leiden und sterben in einem Krieg, der nicht zu gewinnen ist.

Frieden durch Zusammenarbeit und Verständigung, das ist der europäische Weg. Die Initiative von Macron und Scholz, auf Verhandlungen zu drängen, ist richtig. Sie sollten dafür aber möglichst einen gemeinsamen Vorschlag machen. Der Anstoß für einen Waffenstillstand und für Friedensverhandlungen muss unter den gegebenen Umständen von außen kommen. Vorschläge, was denkbar ist, sind in der Frühphase des Krieges auch von Selenskyj gekommen: eine Neutralität der Ukraine mit entsprechenden internationalen Sicherheitsgarantien, damit der Verzicht auf eine NATO-Mitgliedschaft, die Aushandlung eines möglichen Sonderstatus für den Donbass, beispielsweise eine gesicherte Selbstverwaltung. Die russische Annexion der Krim, die offenbar von der Bevölkerung mehrheitlich akzeptiert wird, müsste entweder von der Ukraine ohne rechtliche Verbindlichkeit taktisch geduldet werden, oder es könnte das Plebiszit von 2014 unter internationaler Kontrolle wiederholt werden. Russland und die Ukraine sollten die Autonomie von Krim und Donbass auf der Basis von Wahlen akzeptieren. Die politischen Spitzen Russlands und der Ukraine müssen sich auf Verhandlungen konzentrieren, die mit den Sicherheitsinteressen beider Seiten vereinbar sind. Sie müssen kompromissfähig und anders als bei den Minsker Verträgen auch verlässlich sein, die Beschlüsse umzusetzen. Die Ukraine sollte das Recht haben, ihre wirtschaftlichen und politischen Beziehungen frei zu wählen, träte aber der NATO nicht bei. Die ukrainische Regierung bemüht sich dann zunächst um die Einigung des Landes.

1982 stellte Egon Bahr fest: »Sicherheit in Europa kann es nur mit der Sowjetunion geben.« Das gilt auch für Russland. Wir brauchen eine Rückkehr zu Abrüstungs- und Rüstungskontrollverhandlungen über atomare und konventionelle Waffen, gegenseitige Transparenz wie das Open-Sky-Abkommen, offene Beobachtung von Manövern sowie weitere vertrauensbildende Maßnahmen. So würde auch der Weg frei zu mehr Zusammenarbeit auf anderen Feldern globaler Herausforderungen, insbesondere bei der Armutsbekämpfung sowie der Erderwärmung und dem Schutz der Ressourcen und natürlichen Lebensgrundlagen.

Unverändert richtig ist, was im Bulletin der Bundesregierung vom 10.11.1987 zur Unterzeichnung des INF-Abkommens steht: Die Reduzierung der strategischen Waffen

»sind Ausdruck der gemeinsamen Einsicht, dass das Überleben der Menschheit kooperative Lösungen der Sicherheitsfragen verlangt. Es geht darum, die Gefahren einer nuklearen Katastrophe ebenso zu bannen wie die Gefahr des Ausbruchs eines konventionellen Krieges.«[15]

Die Charta von Paris für ein neues Europa

Das Schlüsselwort unseres Jahrhunderts heißt Zusammenarbeit. Der Ukraine-Krieg hätte wahrscheinlich verhindert werden können, wenn Westeuropa in den 1990er-Jahren, spätestens in den Anfangsphase des 21. Jahrhunderts entschiedener für ein europäisches Sicherheitsabkommen eingetreten wäre. Das war damals war das ein ernsthaftes Anliegen der sowjetischen und russischen Führung, während die fortlaufende NATO-Osterweiterung als Gefahr für ihre Sicherheit gesehen wurde. Heute rächt sich, dass das nicht ernst genommen wurde.

Chancen bestehen nicht ewig

Der Westen hatte »gewonnen«, und die mittel-, süd- und osteuropäischen Staaten des früheren Ostblocks wollten so schnell wie möglich in die Europäische Union und die NATO. Der langjährige deutsche Außenminister Hans-Dietrich Genscher warnte in seiner Rede anlässlich des 25-jährigen Jubiläums der Schlussakte von Helsinki:

»Die Antwort auf die Herausforderung der Globalisierung muss heißen: gesamteuropäische Verantwortungspolitik und globale Kooperation, nicht Rückfall in die nationalistischen Irrwege. [...]. Die Geschichte pflegt ihre Angebote nicht zu wiederholen und Chancen, die sie uns bietet, bestehen nicht ewig.«[16]

Deshalb war die *Charta von Paris für ein neues Europa*, mit der die Hoffnung auf Abrüstung und friedliche Zusammenarbeit verbunden war, für die damalige, noch sowjetische Führung von großer Bedeutung.

Tatsächlich jedoch verlor die Entspannungspolitik in den folgenden Jahren an Kraft und Bedeutung. Die Fragen von Rüstungsbegrenzung und Abrüstung wurden vernachlässigt. Nach den historischen Jahren 1989/90 wurden die Chancen für eine neue Ordnung nur halbherzig genutzt. Dabei verpflichteten sich die Unterzeichner der Charta auch zur Fortsetzung des Abrüstungsprozesses und zur Einrichtung eines Konfliktverhütungszentrums in Wien. Lothar Brock von der Vereinigung Demokratischer Wissenschaftler (VDW) urteilt in einem Rückblick: Die Charta ist entweder schlicht »in Vergessenheit« geraten oder die Beteiligten haben nur »jene Argumente aus der Charta gepickt, die sie meinten, für ihre Position nutzen zu können«.[17]

Die US-amerikanische Sicherheitsberaterin Fiona Hill war von dem Angriff Russlands auf die Ukraine nicht überrascht, wenn auch von den Folgen schockiert. In ihrer Bewertung der russischen Politik für das Weiße Haus gelangte sie zu der Auffassung, dass Putin mit seinen Ankündigungen nicht bluffen würde. Die Sicherheitsexpertin beschrieb das Verhalten des russischen Präsidenten als vorhersehbar und keineswegs irrational. Eine Dämonisierung Putins sei das Alibi für eine fehlende Politik. Wenn er etwas androhe, täte er es auch. Warnungen dieser Art wurden namentlich von Präsident George W. Bush und seinem Vize Dick Cheney (2001–2009) in den Wind geschlagen. Putin wählte für seine öffentliche Warnung bewusst die Münchner Sicherheitskonferenz 2007, da er Deutschland stets als eine Brücke zu Gesamteuropa und als Ankerpunkt für eine gesamteuropäische Politik sah.

2008 brach auf der NATO-Konferenz in Bukarest ein Streit zwischen Deutschland und Frankreich einerseits und den USA andererseits aus, als Bush und Cheney nicht nur gegen die Meinung der deutschen und französischen Regierung, sondern auch gegen die ihrer nationalen Sicherheitsbehörden eine Politik der »offenen Tür« für die Ukraine und Georgien durchsetzten. Skeptiker befürchteten schon damals, dass mit »präventiven Militäraktionen Russlands« zu rechnen sei, um die beiden Länder an einer NATO-Mitgliedschaft zu hindern. Der Westen hätte der russischen Forderung nach einer neuen europäischen Sicherheitsvereinbarung, die Dimitri Medwedew 2008 in Berlin vortrug, ernsthaft Aufmerksamkeit schenken müssen. Doch kaum jemand in den USA konnte mit der Vision eines gemeinsamen europäischen Hauses gemäß der Charta von Paris etwas anfangen.

Die Rolle der Nato – das Konzept 2030

Nehmen wir die Begründer der NATO beim Wort: Das nordatlantische Verteidigungsbündnis wurde am 04.04.1949 von zwölf Staaten gegen die damals stalinistische Sowjetunion gegründet, die ihr System bis an die Elbe ausgedehnt hatte. Seitdem hat sich die NATO stetig erweitert, mit der Aufnahme von Finnland und Schweden auf nunmehr 32 Staaten. Die NATO befehligt 3,3 Millionen Soldat:innen, davon entfallen auf die USA allein 1,35 Millionen.

Neue Beitrittskandidaten sind aktuell Bosnien, Herzegowina, der Kosovo und Georgien. Hinzu kommt die »Partnerschaft für den Frieden« mit Irland, Österreich, der Schweiz, Malta, Serbien, Georgien, Moldau und der Ukraine. Außerdem gibt es einige globale Partnerschaften unter anderem mit Australien, dem Irak, Japan, der Mongolei, Neuseeland und Südkorea. Die Frage ist: Welche Rolle spielt die NATO heute – nach der Auflösung des Warschauer Pakts vor drei Jahrzenten? Ist sie auf dem Weg zu einem offensiv expandierenden, weltweit operierenden Militärbündnis?

Die Allianz vor einer Neuorientierung

Die NATO steht vor einer Neuordnung und Umorientierung, die in der Öffentlichkeit bisher kaum bekannt ist und nur in kleinen Kreisen debattiert wird. Vor dem NATO-Gipfel 2021 sagte ihr Generalsekretär Jens Stoltenberg zum Ziel der Tagung, die NATO-Mitgliedsstaaten müssten eine gemeinsame Politik gegenüber einem zunehmend aggressiven China entwickeln: »China teilt nicht unsere Werte.« Sorge bereite ihm nicht nur die wachsende militärische Stärke der Atommacht China, sondern auch ihr

> »Einsatz von modernen Technologien, sozialen Netzwerken und Gesichtserkennung zur Überwachung der Bevölkerung in einem bislang nicht gekannten Maß.«[18]

Stoltenberg kündigte damit eine Neuorientierung der NATO an. Doch in den Parlamenten und der Öffentlichkeit der Mitgliedsstaaten gab es keine wirkliche Debatte über die Konsequenzen, die sich daraus ergeben.

Die Weichen dafür werden mit dem Konzept »NATO 2030« gestellt, das auf dem NATO-Gipfel vom 28. bis 30.06.2022 in Madrid beschlossen wurde. Es liefert einen Teil der Erklärung, warum in den NATO-Staaten eine Aufrüstung stattfindet. Die Ausweitung der NATO-Zuständigkeit in den indopazifischen Raum ist eine deutliche Erweiterung, denn bisher ist die Allianz – wie in der Gründung vorgesehen – eine euro-atlantische Organisation. Doch der wirtschaftliche und politische Aufstieg Chinas und die zunehmende Rivalität zwischen China und den USA erhöhen vor allem seitens der westlichen Führungsmacht den Druck auf eine Erweiterung der NATO.

Auf dem Gipfel in Brüssel am 14.06.2021 wurde China als »destabilisierende Kraft« und »systemische Herausforderung« bezeichnet, deren Handeln die »regelbasierte internationale Ordnung« bedrohe. Verstöße gegen eine »regelbasierte Außenpolitik« liefern die Legitimation der erweiterten NATO-Politik.

Auf dem Gipfel 2022 wurde ein »Leitdokument« für den Umgang mit China beschlossen, dessen Aufstieg die NATO vor neue Herausforderungen stelle: insbesondere der wachsende Einfluss des Landes auf die digitale Infrastruktur westlicher Länder, die zunehmenden Investitionen Chinas in Europa (vor allem in Häfen und Transportsysteme), die Schaffung wirtschaftlicher Abhängigkeiten (insbesondere das Projekt der Neuen Seidenstraße) und die neue Nähe zu und Zusammenarbeit Chinas mit Russland. Angeführt wird die Beteiligung von 3 000 chinesischen Soldaten im Jahr 2018 an der russischen Truppenübung »Wostok-18«.

Bisher spielen die europäischen Länder der NATO mit Ausnahme von Frankreich, Großbritannien und den Niederlanden, die eigene Flottenverbände in der indopazifischen Region stationiert haben, militärisch dort nur eine untergeordnete Rolle. Die Befürchtung ist, dass die NATO in den nächsten Jahren zu einem globalen militärischen Bündnis wird, dass China als Bedrohung für den Westen, besonders für die USA, definiert. Es ist das Bestreben Washingtons, seine imperiale und hegemoniale Vormachtstellung zu behalten. Deshalb ist es sowohl über die militärpolitische Annäherung Russlands und Chinas als auch über Pekings Aktivitäten in den euroatlantischen Raum hinein beunruhigt.

Der Ukraine-Krieg hat die Bedeutung der »China-Frage« zwischenzeitlich zurückgestuft. Die »Stärkung der Widerstandskraft an der Ostflanke des Bündnisses« war das beherrschende Thema in Madrid. Ungeachtet dessen liegt es vor allem im Interesse der USA, dass die NATO nicht mehr nur ein »nordatlantischer Verteidigungspakt« ist, sondern zur globalen Militärmacht wird.

Die globale NATO 2030

In dem Dokument *NATO 2030* von Madrid schlägt die Führung der Militärallianz die bisher »größte Erweiterung« der »kollektiven

Verteidigung der alliierten Streitkräfte« seit dem Ende des Kalten Krieges vor, die von ihnen »transformative Entscheidungen« genannt wird.[19]. *NATO 2030* macht auf seine Weise deutlich, dass wir in einer Zeit tiefgreifender Umbrüche leben. Es stellt sich immer mehr die Frage, ob auf die Herausforderungen militärische oder zivile Antworten gegeben werden. Das strategische Konzept, das in Madrid verabschiedet wurde, ist nach dem NATO-Vertrag jetzt das zweitwichtigste Dokument de Bündnisses.

Im Zentrum des jüngsten NATO-Gipfels stand der Ukraine-Krieg. Deutschland und Frankreich warben für eine diplomatische Lösung. Das wurde nicht berücksichtigt. Die NATO wies die russischen Bedenken gegen die Osterweiterung formell zurück und bestätigte, die Ukraine und Georgien aufnehmen zu wollen. Die Beschlüsse spiegeln die Dominanz der USA wider. Sie sind das Gegenteil dessen, was die Welt braucht, nämlich einen Weg zu finden, auf dem die großen und kleinen Mächte der Welt zusammenarbeiten, um den globalen Bedrohungen zu begegnen.

Die Beschlüsse des NATO-Gipfels richten sich gegen China und Russland. Russland wird zur »bedeutendsten und direktesten Bedrohung« der »freien Welt« erklärt. Der Nordatlantik wird offiziell um die indopazifische Region erweitert. Beinahe heuchlerisch wirkt die Klage über das Schicksal des Rüstungskontrollregimes, wo doch Georg W. Bush und Donald Trump die Hauptsaboteure waren. Noam Chomsky merkte spöttisch an, der Gipfel sei erstmals um »asiatische Wachpostenländer« erweitert worden, die dafür mit modernsten Präzisionswaffen ausgestattet wurden.[20]

Mit einer Weltinnenpolitik hat das, was *NATO 2030* fordert und in Gang setzt, nichts zu tun. Die Weichen werden vielmehr auf Konfrontation gestellt. Das UN-Konzept der gemeinsamen Sicherheit spielt wieder einmal keine Rolle. Die »NATOisierung« der Außenpolitik wird verstärkt. Aber es gibt auch Differenzen, vor allem zwischen den baltischen Staaten einerseits und Deutschland, Frankreich und Italien andererseits, die mehr europäische

Unabhängigkeit verlangen.[21] Ob das mehr militärisch oder mehr zivil gemeint ist, bleibt allerdings offen. Auch das zu klären, ist unabdingbar für die Selbstbehauptung Europas.

Meinungen

Friedhelm Julius Beucher

»Ohne Frieden ist alles nichts.«

Diese Mahnung des Friedensnobelpreisträgers Willy Brandt hat mich tief geprägt. Meine Generation hat die Friedens- und Entspannungspolitik als eine historische Leistung gesehen, die Grenzen überwindet und die Menschen zusammenbringt. Ich bin davon überzeugt, dass wir in der heutigen Welt, die zu einer zerbrechlichen Einheit zusammenwächst, mehr denn je auf Vertrauensbildung, Zusammenarbeit und die Suche nach gemeinsamen Lösungen angewiesen sind. Denn wie wollen wir die Klimakrise bewältigen, wenn die Welt immer mehr gespalten ist?

Es gibt keine Rechtfertigung für den Angriff Russlands auf die Ukraine; das ist ein schlimmer Verstoß gegen das Völkerrecht. Die Leidtragenden sind nicht diejenigen, die den Befehl gegeben haben, sondern die Menschen in der Ukraine und auch die Soldaten auf beiden Seiten. Wladimir Putin wird der Verantwortung, die er als Präsident des größten Landes der Erde hat, nicht gerecht. Er verfolgt eine ebenso nationalistische wie imperiale Politik, die in der Ukraine ein zerstörtes und kaputtes Land hinterlässt, aufgeladen mit einer tiefsitzenden antirussischen Ablehnung, die noch über Generationen andauern wird.

Der Krieg hat natürlich eine Vorgeschichte, die beachtet werden muss. Es ist eine Geschichte der Fehler, Versäumnisse und Fehleinschätzungen. Ich erinnere mich noch gut an einen gemeinsamen Aufruf von Richard von Weizsäcker, Helmut Schmidt, Hans-Dietrich Genscher und Egon Bahr, die Chancen einer gemeinsamen europäischen Friedensordnung zu nutzen. Und ich habe auch nicht vergessen, dass ohne Michail Gorbatschow die deutsche Einheit und die Beendigung der europäischen Spaltung nicht möglich geworden wäre. Aber das bedeutet nicht, dass Verstehen auch Verständnis heißt. Der Angriff auf die Ukraine ist ein Anschlag auf die Menschenrechte und auf die Rechte eines souveränen Staates, mit Folgen, die weit über die Ukraine hinausgehen und auch Deutschland treffen. Die Solidarität, die unser Land zeigt, ist beachtlich und beweist, dass wir in Europa eine wichtige Rolle einnehmen können, um zu einem Frieden zu kommen. Russland und die Ukraine sind so sehr verfeindet, dass es einer europäischen Initiative bedarf, die zusammen mit Frankreich von der deutschen Bundesregierung ausgehen sollte. Ich bin davon überzeugt, dass ein Friedensplan auch in Russland viel Zustimmung finden würde. Das Land ist eine »gelenkte und autokratische Demokratie«, aber die große Mehrheit der Russ:innen will Frieden. Das verbindet uns.

Gerade angesichts der deutschen und europäischen Geschichte sehe ich es als eine historische Pflicht an, eine friedenspolitische Initiative anzustoßen und gemeinsam umzusetzen. Statt der Sprache des Krieges brauchen wir die Sprache des Friedens. Eine solche Initiative hin zu einer gesamteuropäischen Friedensordnung ist der Weg, um das Morden und das Leid in der Ukraine zu beenden. Und ich sehe auch keinen anderen verantwortbaren Weg, denn wir dürfen nicht vergessen, dass Russland die zweitstärkste Atommacht der Welt ist mit einem Potenzial, das die Erde mehrfach zerstören kann.

Die Europäische Union hat 2012 für ihre Geschichte den Friedensnobelpreis bekommen, weil sie über Jahrzehnte eine stabile Friedensordnung geschaffen hat. Das ist heute das Vorbild für Verständigung und Zusammenarbeit. Meine Erfahrung aus dem internationalen Sport ist, dass die Menschen aller Länder keinen Krieg wollen. Sie wollen eine Welt ohne Hass, Gewalt und Krieg. Ich will das auch. Wie sonst können wir die großen Herausforderungen der Zukunft lösen? Ich will dazu einen Beitrag leisten, den Sport als eine treibende Kraft für Frieden und Verständigung zu nutzen.

Friedhelm Julius Beucher ist Präsident des Deutschen Behindertensportverbandes.

Angelika Claußen

Kein Ersteinsatz mit Atomwaffen: Gemeinsame Sicherheit geht nur gemeinsam – ohne Atomwaffen

Seit Beginn des völkerrechtswidrigen russischen Angriffs auf die Ukraine und der zunehmenden Eskalation des Krieges ist die nukleare Bedrohung zum ersten Mal seit mehr als 30 Jahren wieder öffentlich wahrnehmbar. Die Atommacht Russland droht in dem bisher mit konventionellen Waffen ausgetragenen Ukraine-Krieg mit dem Einsatz von Atomwaffen, falls seitens der NATO interveniert wird oder die Existenz des russischen Staates auf dem Spiel steht.

Schon vor dem Ukraine-Krieg hatten alle neun Atommächte mit einem neuen nuklearen Wettrüsten durch die »Modernisierung« ihrer in die Jahre gekommenen Atomwaffen begonnen. Aufrüstung und militärische Drohgebärden nehmen zu; die deutsche Bundesregierung hat mit Hilfe der Opposition im Eiltempo die enorme Summe von 100 Milliarden Euro für die Bundeswehr per Grundgesetzänderung bereitgestellt, während Russland erklärt, seine Abschreckungskräfte »kampfbereit« gemacht zu haben. Und die US-Regierung will erneut US-Atomwaffen auf dem Militärstützpunkt Lakenheath in Großbritannien stationieren. Wir erleben einen Bewaffnungsreflex aller unmittelbar und mittelbar vom Ukraine-Krieg betroffenen Staaten.

In der Friedenslogik entspricht das dem »Mythos der erlösenden Gewalt«. In einem Konflikt wie dem Ukraine-Krieg, in dem sich vier Atomwaffenstaaten gegenüberstehen, ist ein solches

Handlungsmuster unbeschreiblich gefährlich. Eine Eskalation könnte in einem Atomkrieg und damit in dem Ende unserer Welt enden. Dieser globalen nuklearen Bedrohung lässt sich nur mit einer vollständigen Ächtung aller Atomwaffen effektiv begegnen. Denn die Gefahr der atomaren Eskalation – ob beabsichtigt oder aus Versehen – existiert, solange Atomwaffen existieren.

Mit Blick auf die Ukraine ist klar, dass der 2021 in Kraft getretene UN-Vertrag zum Verbot von Atomwaffen den Krieg nicht unmittelbar beenden kann. Doch atomwaffenfreie Staaten und die globale Zivilgesellschaft werden durch die Verpflichtung zur Abschaffung von Atomwaffen gestärkt. Der Atomwaffenverbotsvertrag schafft damit einen neuen Diskursraum, den die Atommächte nicht mehr ignorieren können.

Es geht darum, gemeinsam zu handeln. Alle derzeitigen Herausforderungen, wie auch die Klimakrise und die Pandemie, müssen gemeinsam, global, langfristig und so schnell wie möglich behandelt werden. Noch schneller muss jedoch angesichts des Krieges in der Ukraine und der sich zuspitzenden Eskalationsspirale reagiert werden. Konkrete und schnell umsetzbare Maßnahmen gibt es: »De-alerting« und »No first use« sind dabei zentrale Schlüsselbegriffe.

So versteht man unter »De-alerting« die Reduktion der (Alarm-) Bereitschaft von Atomstreitkräften durch technische oder bauliche Maßnahmen, beispielsweise die Versiegelung von Raketensilos oder die Demontage und getrennte Lagerung von Atomsprengköpfen und Trägerraketen. Eskalationsschritte können so rückgängig und die Gefahr einer versehentlichen nuklearen Eskalation deutlich reduziert werden. Sowohl Russland als auch die USA sind aufgefordert, ihre knapp 2 000 Atomwaffen aus der Alarmbereitschaft zu nehmen.

Unter einem sogenannten »No first use«-Abkommen wird eine zwischenstaatliche Vereinbarung verstanden, in der sich die Atommächte dazu verpflichten, auf einen Ersteinsatz von Atomwaffen zu verzichten. Die Einsicht, dass ein Atomkrieg nie geführt werden sollte und nicht gewonnen werden kann, wurde bereits im Januar 2022 von Russland, den USA, China, Großbritannien und Frankreich anerkannt. Russland und die USA, die gemeinsam über 90 Prozent der weltweit existierenden Atomwaffen besitzen, könnten diese Aussage nun untermauern, indem sie offiziell mit dem Abkommen auf einen Ersteinsatz verzichten. Bisher schließen sowohl Russland als auch die NATO (beziehungsweise die USA) den Ersteinsatz von Atomwaffen in ihren Militärdoktrinen nicht aus. Ein »No first use«-Abkommen wird auch im *Friedensgutachten 2022* gefordert: Deutschland könne erklären, sich nicht an einem Ersteinsatz zu beteiligen.

Als weiteren deeskalierenden Schritt könnte sich Deutschland, gemeinsam mit anderen NATO-Staaten, auf deren Territorium im Rahmen der »nuklearen Teilhabe« US-Atomwaffen stationiert sind, für eine Vereinbarung mit den USA über den Abzug dieser Waffen aus Europa einsetzen. Länder wie Deutschland, Belgien, Italien und die Niederlande könnten erklären, auf die nukleare Teilhabe verzichten zu wollen. Im Gegenzug müssten Vertragsverhandlungen mit Russland abgeschlossen werden, damit die russischen Atomwaffendepots bei Kaliningrad zurückgebaut und die Atomwaffen aus der Nähe der ukrainischen Grenze zurückgezogen werden. Ebenso müsste die russische Regierung erklären, dass sie auf die Stationierung von Atomwaffen in Belarus verzichten will. Mit solchen Vorschlägen könnten die NATO-Länder gegenüber Russland neue übergeordnete Ziele für den Frieden in Europa auf den Verhandlungstisch legen.

Die Bundesregierung könnte zudem als Brückenbauerin fungieren, um für eine konstruktive Begleitung des Atomwaffenverbotsvertrages durch die NATO zu werben. Anstelle bilateraler Verhandlungen zwischen Russland und der Ukraine sollten gemeinsame Gespräche aller am Konflikt Beteiligten in den Fokus gerückt werden. Verteidigungsbündnisse sollten nicht auf Abgrenzung und

Gegenüberstellung abzielen, sondern auf kollektive Ansätze. Anstelle von Misstrauen und Unsicherheit sollten Vertrauen, nachhaltige Sicherheit und stabile Verhältnisse geschaffen werden.

Momentan scheinen solche Vorschläge, die den Fokus auf gemeinsame übergeordnete Ziele lenken, aufgrund der anhaltenden Kriegslogik und des Ziels auf beiden Seiten, den Krieg territorial »gewinnen« zu wollen, schwer umsetzbar. Dennoch sind konkrete Ideen für eine neue Sicherheitsarchitektur in Europa von außerordentlicher Wichtigkeit. Sie geben eine Orientierung dafür, welche Maßnahmen nach einem Waffenstillstand getroffen werden müssen.

Mit der ersten Staatenkonferenz zum Atomwaffenverbotsvertrag in Wien sendeten die 86 Unterzeichnerstaaten, von denen 65 Länder den Atomwaffenverbotsvertrag bereits ratifiziert haben, ein klares Signal an die Atommächte und machten deutlich, dass die Mehrheit der Staaten der Welt den Besitz von und die Drohung mit Atomwaffen nicht länger tolerieren möchte. Sie verurteilten insbesondere die Drohungen mit Atomwaffen und die verschärfte Rhetorik in jüngster Vergangenheit.

Auf der Überprüfungskonferenz zum Atomwaffensperrvertrag, die ab dem 01.08.2022 in New York stattfindet, sollten die Vertragsstaaten jegliche Drohungen eines atomaren Einsatzes deutlich verurteilen. Zudem wäre es wichtig, dass die Konferenz im Schlussdokument das Inkrafttreten des Atomwaffenverbotsvertrags anerkennt und begrüßt. Auf mittelfristige und lange Sicht ist der Atomwaffenverbotsvertrag die einzige Antwort auf die Doktrin der nuklearen Abschreckung und eine Garantie für echte gemeinsame Sicherheit.

Dr. med. Angelika Claußen ist Co-Vorsitzende der IPPNW Deutschland (Internationale Ärzt:innen zur Verhütung des Atomkriegs).

Uwe Werner Schierhorn

Abschreckung?

Wir brauchen einen Stopp der Massenvernichtungswaffen und Atomwaffen, die Liste der Gründe dafür ist lang: keine Korrekturmöglichkeit bei einem Fehler, Irreversibilität aller Auswirkungen, Auslöschung allen Lebens, Strahlenkranke, schmerzvolle Tode, Nuklearer Winter etc. Das zerstört jede Zukunft.

Nukleare Teilhabe ist nicht mehr von amerikanischen Atomwaffen auf unserem Territorium abhängig. Die früheren Zusammenhänge sind nicht mehr existent, weil die USA und andere Nationen U-Boote mit taktischen Waffen einsetzen. Die NATO-Länder Griechenland und Kanada haben auf ihrem Territorium keine Atomwaffen und können trotzdem alle NATO-Entscheidungen mitbestimmen.

Atomwaffen sind nicht beherrschbar. Zusammen mit dem Frühwarn- und Entscheidungssystem sind sie ein hochkomplexes Großsystem, das sehr fehleranfällig ist. Mindestens 40-mal schrammte die Welt an einem Inferno vorbei, am sogenannten Atomkrieg aus Versehen, dessen Risiko mit den neuen Trägersystemen und mehr Atomwaffen in Alarmbereitschaft noch größer wird.

Die Automatisierung im Militärwesen spricht gegen Atomwaffen. Aktuell gehen die Zeiten zwischen Aufklärung, Entscheidung und Schlag gegen null. Ein Problem stellt der »Lauch on warning« dar, der Gegenschlag unmittelbar nach dem Erkennen des Starts gegnerischer Raketen. Kurze Entfernungen (beispielsweise zur NATO-Ostgrenze) und hyperschnelle Trägersysteme verstärken diesen Trend. Hinzu kommt Künstliche Intelligenz als Entscheidungshilfe und macht das Problem noch größer. Der Mensch ist dann überhaupt nicht mehr in der Lage, Fehler der Hardware oder der Software rechtzeitig zu erkennen und einen atomaren Schlag zu verhindern.

Die Atomwaffenarsenale werden zu einem immer größeren Risiko und unbeherrschbar. Als Ausweg bleibt nur, dass sich auch die

Atomwaffenstaaten dem Atomwaffenverbot der UN anschließen und alle Nuklearwaffen verschrotten. Eine neue Entspannungspolitik brauchen wir!

Uwe Werner Schierhorn ist Mitglied im Förderkreis Darmstädter Signal.

Michael Brie

Chinas (Wieder-)Aufstieg als ein Zentrum der Welt

Am 22.02.1946 sandte der US-Botschafter in Moskau, George F. Kennan, ein langes Memorandum an das Außenministerium der USA, das berühmt gewordene *Long Telegram.* 1947 erschien es anonym unter dem Titel »The Sources of Soviet Conduct« in *Foreign Affairs.* Kennan hob hervor,

> »dass das wichtigste Element jeder Politik der USA gegenüber der Sowjetunion die einer langfristigen, geduldigen und zugleich festen und wachsamen Eindämmung der expansiven Tendenzen Russlands sein muss. Es ist jedoch wichtig, darauf hinzuweisen, dass eine solche Politik nichts mit äußerem Gehabe zu tun hat: mit Drohungen oder Prahlerei oder überflüssigen Gesten äußerer ›Härte‹. Der Kreml ist zwar grundsätzlich flexibel in seiner Reaktion auf die politischen Realitäten, aber keineswegs unempfänglich für Prestigefragen.«

Alles hinge davon ab,

> »inwieweit die Vereinigten Staaten bei den Menschen in der Welt allgemein den Eindruck eines Landes erwecken können, das weiß, was es will, das die Probleme seines inneren Lebens und die Verantwortung einer Weltmacht erfolgreich bewältigt und das eine geistige Vitalität besitzt, die in der Lage ist, sich unter den großen ideologischen Strömungen der Zeit zu behaupten.«

75 Jahre später, kurz vor dem Antritt von Joe Biden als 46. US-Präsident, erschien *The Longer Telegram. Toward a New American China Strategy*, herausgegeben vom Transatlantic Institute in Washington. Erneut wurde es anonym veröffentlicht. Dieses Doku-

ment formuliert einen neuen Grundkonsens der US-Außenpolitik, der seitdem durch die Biden-Administration konsequent umgesetzt und von beiden Parteien im Kongress und Senat unterstützt wird. Die Ausgangsprämissen werden so formuliert:

»Die wichtigste Herausforderung für die Vereinigten Staaten im 21. Jahrhundert ist der Aufstieg eines zunehmend autoritären Chinas unter Generalsekretär Xi Jinping. [...] Xi ist ein unverbesserlicher Nationalist, der sein Land mit Hilfe des Ethnonationalismus gegen alle internen und externen Angriffe auf seine Autorität eint. [...] Xis China ähnelt zunehmend einer neuen Form eines totalitären Polizeistaats. In einer grundlegenden Abkehr von seinen risikoscheuen Vorgängern nach Mao hat Xi bewiesen, dass er Chinas autoritäres System, seine zwanghafte Außenpolitik und seine militärische Präsenz weit über die Grenzen seines Landes hinaus auf die ganze Welt ausdehnen will. Im Gegensatz zu Deng Xiaoping, Jiang Zemin und Hu Jintao ist China unter Xi nicht länger eine Macht des Status quo. Es ist zu einer revisionistischen Macht geworden.«

Als wichtigste Ziele formulieren die Autoren:

»Bewahrung der kollektiven wirtschaftlichen und technologischen Überlegenheit [der USA]; Schutz des globalen Status des US-Dollars; Aufrechterhaltung einer überwältigenden konventionellen militärischen Abschreckung und Verhinderung einer unannehmbaren Verschiebung des strategischen nuklearen Gleichgewichts; Verhinderung jeder chinesischen territorialen Expansion, insbesondere der gewaltsamen Wiedervereinigung mit Taiwan [...].«

Als letzter Punkt wurde die »Bewältigung anhaltender gemeinsamer globaler Bedrohungen einschließlich der Verhinderung eines katastrophalen Klimawandels« angesprochen. Es ist dies das Programm einer imperialen Hegemonialmacht, welche ihre Vorherrschaft gegen den Herausforderer zu behaupten sucht und dabei neben Russland im Westen des eurasischen Kontinents vor allem China im Osten dieses Kontinents vor Augen hat.

Als sich im März 2021 führende Vertreter der neuen US-Administration und der Volksrepublik China in Vancouver trafen, reagierte das Politbüro-Mitglied des Zentralkomitees der Kommunistischen Partei Chinas, Yang Jiechi (seit Langem eng befreundet mit der Familie von Präsident Bush), vor laufender Kamera mit ungekannter Schärfe auf die lange Liste frontaler Kritik seitens des US-Außenministers Blinken. Unter anderem machte er klar:

> »Lassen Sie mich an dieser Stelle sagen, dass die Vereinigten Staaten gegenüber der chinesischen Seite nicht die Qualifikation haben zu sagen, dass sie mit China aus einer Position der Stärke sprechen wollen. Die USA waren schon vor 20 oder 30 Jahren nicht dazu qualifiziert, so etwas zu sagen, denn das ist nicht die Art und Weise, wie man mit dem chinesischen Volk umgeht. Wenn die Vereinigten Staaten mit der chinesischen Seite richtig umgehen wollen, dann sollten wir die notwendigen Protokolle befolgen und die Dinge richtig angehen.«

Die Differenzen zwischen den USA und China sind also grundsätzlicher Natur. Während die USA ihre eigene globale technologische, ökonomische, politisch-ideologische und militärische Vormacht als unverzichtbar für die eigene Sicherheit und für eine »regelbasierte internationale Ordnung« ansehen – als globales Gut also, von dem alle profitieren, wenn sie sich den gesetzten Regeln unterwerfen –, sieht China genau diese Ordnung zunehmend als Bedrohung für seinen eigenen Aufstieg an. Aus den letzten dreißig Jahren hat die chinesische Führung den Schluss gezogen, dass die »regelbasierte Ordnung« immer dann durch die USA und andere westliche Kräfte verletzt wird, wenn diese deren Zielen oder Interessen widerspricht. Man hat nicht vergessen, dass sich alle jene, die gegen China vorgingen, immer auf Regeln in ihrem allgemeinen Interesse bezogen – sei es des freien Handels, sei es der Bezahlung von Staatsschulden, die durch Niederlagen in Kriegen entstanden waren, sei es als »Commonwealth«. Angesichts der Tatsache, dass die USA den Aufstieg Chinas als direkte Bedrohung der eigenen Position wahrnehmen, geht die chinesische Führung davon aus, dass die Instrumente der heutigen »regelbasierten Ordnung« im wachsenden Maße als Waffe eingesetzt werden.

Der chinesische Philosoph Zhao Tingyang verweist darauf, dass westlich-imperialistische Mächte, mit denen China über zwei Jahrhunderte konfrontiert ist, eine sehr spezifische Weltsicht haben:

> »Diese Mächte hoffen auf den Fortbestand einer vom Imperialismus dominierten Welt und betrachten alles, was sich nicht an deren Aufteilung beteiligt, als zu dominierenden ›Rest der Welt‹ (the rest of the world). Die imperialistische Weltanschauung betrachtet die Welt als Objekt der Unterwerfung, Beherrschung und Ausbeutung und keinesfalls als politisches Subjekt.«

Der Imperialismus habe

> »ein von Grund auf verkehrtes Verständnis der für den Aufbau einer universalen Ordnung erforderlichen Bedingungen. Er pflegt das Missverständnis, Universalität entstehe aus Universalisierung (eines bestimmten Modells von Gesellschaft), ein tödliches Missverständnis.«

Zhao Tingyang stellt dem westlichen Modell das über dreitausend Jahre alte chinesische Konzept des »Alles unter dem Himmel« oder der »Allumfassenheit« entgegen:

> »Die Idee der ›Allumfassenheit‹ begreift die Welt apriorisch als eine vollkommen internalisierte gesamtheitliche Existenz ohne ein Außen, sie anerkennt apriorisch, dass die Welt dem gemeinsamen Nutzen und als gemeinsame Ressource aller Menschen dient, sie schließt apriorisch jede Idee einer inkompatiblen Verschiedenheit aus, zugleich anerkennt sie apriorisch die Diversität der Welt und die darin enthaltene Möglichkeit kompatibler Beziehungen. Sie verwirft einseitigen Universalismus und Kulturimperialismus.«

Die Führung Chinas hat in den letzten 15 Jahren zunehmend offensiv eine alternative Vision formuliert, die durchaus an die Vorstellungen einer Vielfalt in der »Allumfassenheit« anknüpft. 2013 stellte Xi Jinping in Moskau das Konzept von der »Schicksalsgemeinschaft der Menschheit« vor. Es fand Eingang in Dokumente der UNO und in die Verfassung der Volksrepublik China. Vor der UNO erklärte Xi Jinping 2015:

»Wir sollten unsere Verpflichtung auf die Zwecke und Grundsätze der UN-Charta erneuern, eine neue Art der internationalen Beziehungen schaffen, die auf Zusammenarbeit zum wechselseitigen Vorteil beruhen, und eine Gemeinschaft einer geteilten Zukunft für die Menschheit schaffen.«

Im Mittelpunkt dieses Konzepts stehen nicht universale abstrakte Regeln, sondern die Interessen der Staaten, die über ein Geflecht von internationalen Institutionen und Vereinbarungen zum wechselseitigen Vorteil miteinander verbunden werden sollen. Außen- und Innenpolitik werden in diesem Ansatz weitgehend getrennt, die Nichteinmischung in die inneren Angelegenheiten soll wieder einen sehr hohen Stellenwert erhalten.

Michael Brie ist Philosoph in Berlin.

III. Die Welt am Rande des Friedens

»Die globale Temperaturerhöhung wird zur Existenzfrage.«
Wissenschaftlicher Beirat für globale Umweltgefahren

Die Kriege der Zukunft werden vor allem die Folge erbitterter Verteilungskämpfe auf unserer überlasteten und kleiner werdenden Welt sein. Noch in diesem Jahrzehnt überschreitet die Menschheit eine Erderwärmung von 1,5 Grad Celsius. Kipppunkte kommen schnell näher, die die Klimakrise rasant beschleunigen und unbeherrschbar machen. Die Spaltung zwischen Arm und Reich wird größer, denn die Folgen der Klimakrise sind auf tragische Weise räumlich und sozial höchst ungleich verteilt. Es bahnen sich neue Konflikte an, auf einer unwirtlich werdenden Welt.

Die doppelte Gefahr der Selbstvernichtung

In seiner Dankesrede für die Verleihung des Friedenspreises des deutschen Buchhandels 1988 in Frankfurt am Main warnte Siegfried Lenz: »Die Welt befindet sich am Rande des Friedens.« Seine Reflexionen über den Zustand der Erde kommen zu dem Ergebnis:

> »Das Ende des Lebens, so glaube ich, ist vorstellbar geworden. Wir leben im Frieden, in einem unfertigen, notdürftigen, immer gefährdeten Frieden. [...] Ich [möchte] das, womit wir dem Frieden heute dienen können,

mit wenigen Worten beschreiben: Widerstand! Widerstand gegen die, die den Frieden bedrohen mit ihrem Machtverlangen, mit ihrer Selbstsucht, mit ihren rücksichtslosen Interessen.«[1]

Kriege können verhindert werden

Kriege fallen nicht vom Himmel. Ihre Ursachen liegen in Machtverhältnissen, wirtschaftlichen Interessen, expansiven Ideologien oder in sozialen Ungerechtigkeiten, kulturellen Konflikten und heute besonders in ökologisch konnotierten Konflikten, die vom Kampf um Gas und Öl über die Zerstörung der natürlichen Vielfalt bis zu den Bedrohungen des vom Menschen verursachten Klimawandels reichen. Die Bewahrung des Friedens erfordert auf der zusammengewachsenen Welt unbedingt Abrüstung und eine vertrauensbildende Kooperation sowie auf unserer »überbevölkerten, verschmutzten, störanfälligen und ungleichen Welt«[2] mehr denn je die soziale und ökologische Gestaltung der Transformation, die derzeit von den offenen Märkten und der Digitalisierung der Welt vorangetrieben wird

Es kommt darauf an, dass und wie wir heute handeln, damit sich die absehbaren Verteilungskämpfe der Zukunft nicht dramatisch verschärfen und zu Kriegen ausarten. Der Scheideweg ist die Verhinderung der globalen Klimakrise. Eine gute und friedliche Zukunft wird nur möglich, wenn alle, insbesondere auch das bevölkerungsreiche China und das ressourcenreiche Russland, bei einer Weltinnenpolitik für Frieden, Gerechtigkeit und Nachhaltigkeit einbezogen werden und mitziehen. Dazu gibt es keine Alternative, denn das alte Zwillingspaar aus Aufrüstung und Abschreckung, das trotz zeitweiliger Entspannung in den letzten 70 Jahren die Grundlage der Sicherheitspolitik war, ist das Gegenteil von dem, was die Entwicklung unserer zerbrechlichen Welt verträglich macht. Wir können es uns auch nicht mehr leisten,

Frieden ausschließlich als Nicht-Krieg zu definieren. So wie heute der Begriff der Gewalt weiter gefasst werden muss, muss auch das Verständnis von Frieden weiter gefasst werden. Auf jeden Fall ist selbst dort, wo wir in Frieden leben, der Frieden unvollkommen und bedroht, vor allem durch heraufziehende globale Gefahren, an deren Verursachung wir selbst beteiligt sind. Die Klimakrise ist dafür ein herausgehobenes Beispiel. Zur Bewahrung des Lebens geht es nicht nur um Abrüstung und Entspannung, um die Gefahr eines großen konventionellen oder atomaren Krieges mit seinen schrecklichen Folgen zu bändigen, sondern auch um eine neue ethische Verantwortung für ein nachhaltiges Leben für alle Menschen.[3]

Die Erde ist kleiner und voller geworden. Zum Frieden gehört, dass die Ökosysteme geschützt werden, damit ein humanes Leben bewahrt bleiben kann. In der Enzyklika *Laudato Si'* verurteilt Papst Franziskus die »Lüge von der unbegrenzten Verfügbarkeit der Güter unseres Planeten«. Nicht erneuerbare Ressourcen, insbesondere fossile Energieträger und metallische Rohstoffe, sind endlich, ebenso begrenzt wie die Kapazitäten der Öko-Systeme, welche biogene Ressourcen zur Verfügung stellen oder Emissionen aufnehmen: »Infolge einer rücksichtslosen Ausbeutung der Natur läuft er [der Mensch] Gefahr, sie zu zerstören und dann selbst Opfer dieser Zerstörung zu werden.«[4]

Das, was sich die Menschen im Umgang mit den natürlichen Ressourcen leisten – Erderwärmung, vergiftete Böden, verseuchtes Wasser, Artensterben –, ist ein Krieg gegen die Natur. Mit der Globalisierung der Naturzerstörung in den letzten Jahrzehnten wurde eine neue Stufe erreicht, die zum Selbstmord der Zivilisation führen kann. Noch lebt die große Mehrheit der Menschen im Frieden, vor allem in den reichen Industrieländern, aber ebendiese sind in erster Linie für eine Gewalt der Naturzerstörung verantwortlich, sogar für eine von Gesetzen und Ämtern akzeptierte Gewalt, die unsere Welt unbewohnbar macht.

Auf der UN-Weltklimakonferenz von 1988 kam Gro Harlem Brundtland zu dem bedrückenden Fazit, dass die vom Menschen verursachte Erderwärmung mit einem »langsamen Atomkrieg« vergleichbar sei.[5] Das ist die »doppelte Gefahr einer Selbstvernichtung der Menschen« – entweder durch atomare – heute sogar durch moderne konventionelle – Waffensysteme oder durch die globale Klimakrise, die wir kaum noch steuern können. Der Krieg der Zukunft wird, wenn nicht schnell und durchgreifend gehandelt wird, der Klimakrieg sein.

Schauen wir genauer hin, was sich da aufbaut. Der Kohlenstoffgehalt in der unteren Luftschicht der Atmosphäre (genannt Troposphäre) ist entscheidend für das Klima auf unserem Planeten. Eiskernbohrungen belegen, dass die Kohlendioxid-Konzentration (CO_2) in den letzten 800 000 Jahren zwischen 180 und 210 ppm in Kaltzeiten und zwischen 280 bis 310 ppm in Warmzeiten variierte. Im Holozän, der erdgeschichtlichen Epoche der letzten 12 000 Jahre, lag sie relativ stabil bei 280 ppm und ermöglichte ein günstiges Klima für die Menschen. Doch seit der im späten 18. Jahrhundert beginnenden industriellen Revolution stieg der Mensch immer mehr zur stärksten Naturgewalt auf, lange Zeit ohne sich seiner neuen Macht bewusst zu sein. Heute sind wir im Anthropozän, der vom Menschen maßgeblich beeinflussten geologischen Erdepoche, in der sich die Naturzerstörung dramatisch beschleunigt und ebenfalls zur Selbstvernichtung der menschlichen Zivilisation führen kann.

Dabei ist der für das Klimasystem entscheidende Treibhauseffekt seit zwei Jahrhunderten bekannt. Den Mechanismus beschrieb 1824 erstmals der französische Mathematiker Jean-Baptiste Joseph Fourier. 1896 stellte der schwedische Physiker Svante Arrhenius die Berechnung an, dass eine Verdoppelung der CO_2-Freisetzung einen Temperaturanstieg um vier bis sechs Grad Celsius auslösen würde. Einen konkreten Beleg, wie dieser Mechanismus funktioniert, gibt es seit 1958. Der Chemiker Charles David Keeling begann in 3 297 Metern Höhe auf Mauna Loa (Hawai) mit kontinuierlichen Messungen des atmosphärischen CO_2.[6] Sein Datensatz, die »Keeling-Kurve«, bestätigte den Zusammenhang zwischen Erderwärmung und der Konzentration von Kohlenstoff in der unteren Lufthülle der Erde.

Schon in den 1970ern gab es ernsthafte Warnungen der Wissenschaft vor einer Klimakrise, auch in dem Buch *Global 2000*, das 1980 dem US-Präsidenten Jimmy Carter überreicht wurde.[7] Die Arbeiten an dem Bericht waren ein Anstoß für die Akademie der Nationalen Wissenschaften der USA zu Forschungen über einen vom Menschen verursachten Klimawandel. Diese zeigten auf, dass eine Verdoppelung des Kohlenstoffgehalts in der Troposphäre gegenüber der vorindustriellen Zeit zu einer Erderwärmung um drei Grad Celsius führen würde.

Diese Erkenntnis wurde zur Grundlage der ersten Weltklimakonferenz der UNO 1979 in Genf. 1988 kam es zur Gründung des Weltklimarates IPCC (Intergovernmental Panel on Climate Change), der seitdem die wissenschaftlichen Sachstandsberichte über den Zustand des Klimas organisiert.

Grenzüberschreitungen

Wir wissen also seit mehr als 40 Jahren Bescheid, was auf uns zukommt. Alarmiert von den Warnungen der Wissenschaft, legten die Vereinten Nationen die UN-Klimarahmenkonvention vor, die auf dem »Erdgipfel Umwelt und Entwicklung« 1992 in Rio de Janeiro unterzeichnet wurde.[8] Sie hatte das Ziel, die vom Menschen verursachten Treibhausgase deutlich zu reduzieren und die Folgen der Erderwärmung zu mildern. Doch die Anstrengungen blieben trotz der jährlichen UN-Klimakonferenzen bisher weitgehend folgenlos, auf jeden Fall weit hinter dem Notwendigen zurück.

Auf der UN-Klimakonferenz in Glasgow im Dezember 2021 hing im Verhandlungsraum über den Delegierten ein Anzeigewürfel mit der Zahl 416. Diese zeigte die aktuelle CO_2-Konzentration an, die derzeit jährlich um 2,23 ppm steigt. Das bedeutet: Spätestens im Jahr 2024 wird ein Wert von 420 ppm erreicht sein. Das hat eine Erderwärmung um 1,5 Grad Celsius zur Folge, auch wenn es durch den komplexen Anpassungsmechanismus des Klimasystems noch einige Jahre dauern wird, bis sie real gemessen wird. Aber das Überschreiten der ersten kritischen Schwelle in der Klimakrise ist nicht mehr zu verhindern.

Im Jahr 2030 wird der 1,5 Grad-Pfad faktisch schon überschritten sein. Dabei hatte die Klima-Enquetekommission des Deutschen Bundestages dieses Ziel bereits 1990 in dem Bericht »Schutz der Erde« als »Erwärmungsobergrenze« ausgegeben.[9] Deren Einhaltung ist zur Illusion geworden. Wir leben im Zustand der »Grenzüberschreitungen«, weil vollendete Tatsachen bereits geschaffen sind.

Auch die UN-Klimakonferenz von 2015 in Paris brachte keinen Durchbruch. Die von den knapp 200 Vertragsstaaten vorgelegten Selbstverpflichtungen (deren Nichteinhaltung aber auch nicht sanktioniert werden kann) würden – je nach Wahrscheinlichkeitsannahme – immer noch zu einer globalen Erwärmung um 2,8 bis 3,2 Grad Celsius führen.[10] Die meisten Staaten bleiben hinter ihren eigenen Selbstverpflichtungen zurück, insbesondere die USA und Brasilien (der zweit- und der zwölftstärkste Kohlendioxid-Emittent der Erde). Eine »Nachschärfung« der nationalen Ziele hat nur in wenigen Ausnahmefällen stattgefunden.

Viel steht auf dem Spiel, nicht nur für die beiden alten Supermächte und die Europäische Union, auch für die neue Weltgroßmacht China, das aufstrebende Indien und das bevölkerungsreiche Afrika. Die Welt braucht nicht nur für die Verhinderung einer weiteren Überschreitung der Klimagrenzen, sondern auch für die nicht mehr zu verhindernden Folgen der Klimakrise – von Massenwanderungen über Verarmung bis hin zu Zerstörung von Ressourcen und Biodiversität – mehr internationale Zusammenarbeit.

Die moderne Gesellschaft missachtet die Grenzen der ökologischen Tragfähigkeit der Erde. Wir haben aber keine 1,75 Erden, die wir heute schon in Anspruch nehmen. Immer mehr Substanz wird verbraucht. Schon bald sind es die Natur und die Rohstoffe von zwei Erden, die von der Menschheit in Anspruch genommen werden.[11] Das bedeutet: Wir müssen die Grenzen der Öko-Systeme und Ressourcennutzung beachten, die auch die Grenzen für menschliches Leben sind.

Kipppunkte rücken schnell näher

Die vom Menschen gemachte Erderwärmung führt zu zunehmenden Wetterextremen, zu Hitzeperioden, Dürren, Extremregen, stärkeren Tropenstürmen, rasanterem Meeresspiegelanstieg sowie zum Verlust von Öko-Subsystemen und Nahrungsgrundlagen. Das kann negative Synergien zur Folge haben, die tief in die sozialen und wirtschaftlichen Strukturen der Gesellschaft einschneiden. Diese Risiken und Gefahren verschärfen sich mit der weiteren Entwicklung, haben gravierende Folgen: Hunger, Massenmigration und zwischenstaatliche Konflikte.

Besonders bedrohlich sind die sogenannten Kipppunkte (engl. Tipping-Points). Das sind kritische Schwellenwerte, bei deren Überschreiten sich die Destabilisierung des Klimasystems rasant beschleunigt und es teils zu unumkehrbaren Veränderungen kommt. Dazu zählen zum Beispiel die Atlantikzirkulation, die Austrocknung des Amazonas-Regenwaldes, die Zerstörung der Korallenriffe oder das Auftauen der Permafrostregionen.

Aus Risiken werden Gefahren

Eine der kritischen Eigenschaften der Kipppunkte ist, dass es einen Grenzwert gibt, aber wir nicht genau wissen, wo er liegt und was dann folgt. Das Erdsystem wird dann Gefahren ausgesetzt, die im Unterschied zu Risiken nicht mehr zu beherrschen sind.

Untersuchungen kommen zu dem Ergebnis, dass bei 1,5 Grad Celsius die kritischen Bereiche beginnen, zum Beispiel das Umkippen der Korallenriffe, von denen die Existenzbedingungen von fast 500 Millionen Menschen abhängen. Bei einer Erwärmung um zwei Grad Celsius ist mit einer Vernichtung nahezu des gesamten Bestandes der tropischen Korallenriffe zu rechnen. Nach den Untersuchungen des Potsdamer Instituts für Klimafolgen ist die Entwicklung ebenfalls bedrohlich in den marinen Gebieten der Antarktis, im arktischen Sommer-Meereseis, bei Gebirgsgletschern und beim Sahelmonsun.[12]

Die Eisbedeckung im arktischen Ozean hat in den letzten Jahrzehnten um fast die Hälfte abgenommen, was die atmosphärische Zirkulation (Jetstream) verändert und zu Wetterextremen in unseren Bereichen führt. Das war eine der Ursachen für die Hochwasserkatastrophe 2021 in der Eifel.

Der westantarktische Eisschild ist instabil geworden. Dadurch kann sein gesamtes marines Eis in den Ozean fließen und mit einer längeren Verzögerung zu einer weltweiten Erhöhung des Meeresspiegels um rund drei Meter führen. Auch die Eisschilde auf Grönland können permanent an Masse verlieren und verschwinden. Gebirgsgletscher sind wichtige saisonale Wasserspeicher. Die Gebirgsschmelze trägt rund 30 Prozent zum Anstieg des globalen Meeresspiegels bei. In den Alpen könnte bei einer Begrenzung des Temperaturanstiegs auf zwei Grad Celsius nur ein Drittel der Gebirgsgletscher gesichert werden.

Die Monsunsysteme in China und Indien werden unter dem Klimastress schwankend und unberechenbar. Durch den Rückkopelungsprozess zwischen atmosphärischer Feuchte und auflandigem Wind könnte bei einer weiteren Erderwärmung ein neuartiges Sommermonsun-System in der Sahelzone einsetzen.

Die Atlantikzirkulation, die große Umwälzbewegung des atlantischen Ozeans, die wie eine Zentralheizung für den Nordatlantikraum funktioniert, droht sich mit weitreichenden Folgen abzuschwächen.

Die Regenwälder der Amazonasregion trocknen aus, wie die Satellitenfotos der Weltmetrologie-Organisation (WMO) zeigten. Damit wird aus der Kohlenstoffsenke eine Kohlenstoffquelle. Der Wald verliert an Resilienz. Bei einer zunehmenden Erwärmung sind auch die borealen Nadelwälder des Nordens bedroht. Ein Beispiel für die Anfälligkeit sind die Wälder im Land Brandenburg, die nur eine geringe Widerstandskraft haben.

Die Permafrostregionen sind vor allem in Sibirien ein global bedeutender Kohlenstoffspeicher, der 1,300 bis 1,600 Milliarden Tonnen Kohlenstoff bindet, wahrscheinlich rund die Hälfte des im Boden gespeicherten Kohlenstoffs weltweit. Sie könnten bis ins Jahr 2100 um 15 Prozent abnehmen. Hier wird eine nicht mehr zu kontrollierende Quelle für die Freisetzung von Treibhausgasen geschaffen.

Mit der Klimakrise wird das Erdsystem instabil und zur Gefahr für das menschliche Leben. Daraus resultieren in der Zukunft schwere Verteilungskonflikte um die Lebensbedingungen. Die Hauptverursacher der Klimakrise sind in der Regel weniger stark von den Folgen betroffen als die ökologisch sensiblen, oftmals ärmeren Erdregionen.

Klimakrise spitzt neue Kriegsgefahren zu

Die ökologischen Gefahren der Zukunft zeichnen sich immer deutlicher ab. Sie drehen sich um Wasser, Rohstoffe und Klima. Der Wissenschaftliche Beirat für Globale Umweltfragen (WBGU) der Bundesregierung macht die Kriegsgefahren im Gutachten *Sicherheitsrisiko Klimawandel* deutlich. Die zentrale Botschaft seiner Risikoanalyse lautet, dass der Klimawandel ohne ein entschiedenes Gegensteuern bereits in den kommenden Jahrzehnten die Anpassungsfähigkeit vieler Gesellschaften übersteigen wird. Die Folgen sind Verteilungskonflikte, Gewalt und Destabilisierung, die national und international die Sicherheit in einem bisher unbekannten Ausmaß bedrohen werden. Der Bericht identifiziert unterschiedliche »klimainduzierte Konfliktkonstellationen«: Degradation von Süßwasserressourcen, Rückgang der Nahrungsmittelproduktion, Zunahme von Sturm- und Flutkatastrophen sowie umweltbedingte Migration, wobei es regionale Schwerpunkte geben wird, bei denen oftmals schwache und fragile Staaten besonders betroffen sind.

Die Welt ist unterschiedlich vom Klimastress betroffen

Einige Beispiele aus dem Bericht machen die Dimension der Gefahren deutlich: Für das südliche und westliche Nordamerika wird ein zunehmender Trinkwassermangel befürchtet, der teilweise schon prekär ist. In vielen Regionen wird die Ernte unter der Hitze leiden und stark zurückgehen. Hurrikans werden zunehmen. Florida ist akut vom steigenden Meeresspiegel betroffen.

In Lateinamerika schmelzen die Anden-Gletscher. Von der 2 042 Quadratkilometer großen Gletscherfläche in den Kordilleren sind seit 1989 bereits rund 25 Prozent verloren gegangen. Vier Fünftel der peruanischen Energieversorgung hängen von Wasserkraftwerken ab. Besonders düster ist die Aussicht für Lima. Die Wasserversorgung der mehr als 7,5 Millionen Einwohner ist bislang durch die Anden gewährleistet. Dort gehen die Reserven jedoch rapide zurück. Eine trockene Savanne wird in großen Teilen Lateinamerikas tropische Wälder verdrängen. Die Luftfeuchtigkeit sinkt, so dass viele Arten von der Hitze geschädigt werden.

Große Teile Afrikas können künftig noch weniger bewässert werden als heute. Darunter muss rund eine halbe Milliarde Menschen leiden. Dabei sind bereits heute 46 Prozent der afrikanischen Landfläche Wüste, Regionen, in denen 465 Millionen

Menschen leben. Eine Versalzung landwirtschaftlicher Gebiete trifft besonders das bevölkerungsreiche Nildelta. Im südlich der Sahara gelegenen Teil Afrikas sind 15 bis 20 Prozent der Menschen unterernährt. Durch die Erwärmung drohen in vielen Staaten Afrikas, aber auch in Pakistan, im Nahen Osten und in Mexiko 20 bis 50 Prozent Ernteausfälle, wie William Cline vom Petterson-Institute in Washington errechnet hat.[13]

Am härtesten werden Sahel-Zone und das südliche Afrika betroffen sein – Mosambik, Malawi und Sambia, die jetzt schon zu den ärmsten Ländern der Welt gehören. Dazu zählen auch große Teile Ostafrikas – Nordkenia, Äthiopien, Eritrea und Dschibuti, wobei vom Bürgerkrieg gezeichnete Staaten wie Sudan und Somalia bereits stark geschädigt sind. In den Mündungsgebieten großer Flüsse sind Millionenstädte wie Lagos in Nigeria durch Überschwemmungen gefährdet.

In Asien werden künftig zahlreiche Flutkatastrophen vom schnell abfließenden Schmelzwasser der Himalaya-Gletscher verursacht werden. Sie sind die Wasserspeicher Asiens und machen 15 Prozent der globalen Eismasse aus. Große Flüsse wie der Indus, der Mekong oder der Jangtse speisen sich aus dem Schmelzwasser. Indischen Studien zufolge hängen 500 Millionen Menschen an diesem Versorgungsstrang.

Nach einigen Prognosen werden in rund 100 Jahren alle chinesischen Gletscher geschmolzen sein. China hat schon heute mit Wasserknappheit und -verseuchung zu kämpfen. Peking wird möglicherweise versuchen, Flüsse umzuleiten, die heute vorrangig durch andere Länder fließen, wie der indische Brahmaputra. Konflikte sind vorgezeichnet.

Viele bevölkerungsreiche Großstädte Asiens wie Mumbai oder Shanghai liegen im Mündungsbereich von Flüssen. Insgesamt leben weltweit 635 Millionen Menschen an Küsten, die nur bis zu zehn Meter über dem Meeresspiegel liegen. Schon eine Erwärmung um zwei Grad Celsius kann für Millionen von Menschen, beispielsweise in Bangladesch, das Leben unmöglich machen. Geologisch ist das Land eine einzige Flussniederung. Sollte der Meeresspiegel um 45 Zentimeter ansteigen, müssten sich bis zu 5,5 Millionen Menschen eine neue Heimat suchen.

Kleine Inseln im Pazifik, deren höchster Punkt nur fünf Meter über dem Meeresspiegel liegen, werden vom Wasser abgetragen und überschwemmt. Die Regierung von Tuvalu versuchte bereits vorsorglich, für ihre Bevölkerung in Neuseeland oder Australien Asyl zu beantragen. Es gibt auch Forderungen, die Bewohner geschlossen auf die Fidschi-Insel Kioa umzusiedeln.

Auch für Europa existieren alarmierende Befunde. Wissenschaftler befürchten, dass bei einem Abbrechen der arktischen Eisschilde die Niederlande nicht zu retten seien werden. Nach Angaben des Bundesamtes für Meereskunde wurde in der Nordsee seit 1993 ein kontinuierlicher Temperaturanstieg im Oberflächenwasser um insgesamt 1,7 Grad Celsius registriert, durchschnittlich 0,13 Grad Celsius pro Jahr. Zudem nimmt der pH-Wert ab. Das hat erhebliche Auswirkungen auf die Meeresorganismen, insbesondere auf alle marinen Kalk bildenden Arten wie Muscheln, Schnecken und Korallen.

Die Alpen verlieren ihre Eiszonen und Gletscher. Generell nehmen Überschwemmungen, Erosion und Gletscherschmelze zu, während im Süden Europas Dürren und Ernteausfälle zu befürchten sind. Zunehmende Trockenheit wird das Hauptproblem sein. In Südspanien und Portugal, aber auch in Griechenland werden neue Wüstengebiete entstehen.

Zudem sind Rückkopplungen zu befürchten, die den Klimawandel beschleunigen können. Dazu gehört die Freisetzung von Methan aus den auftauenden Permafrostgebieten Russlands, Chinas und Kanadas. Dort liegt eine gewaltige Treibhausbombe. Die Methan-Emissionen können für einen zusätzlichen Wärmeschub in der Atmosphäre sorgen, zumal dieses Treibhausgas 30-mal wirksamer ist als Kohlendioxid.

Die Zeit zum Handeln ist knapp

Schon in wenigen Jahren dürfte der verhängnisvolle Zeitpunkt eintreten, an dem das Zusammentreffen von Klimakrise, Überschreiten planetarer Grenzen, Energie- und Wasserknappheit, nachholender Industrialisierung und Bevölkerungszuwachs um 1,5 Milliarden Menschen – auch das weitgehend tabuisierte Thema der globalen Überbevölkerung gehört auf den Tisch! – negative Synergien auslösen wird, deren Folgen jenseits unserer Vorstellungskraft liegen. Die Zeit zum Handeln ist knapp.

Ein erster wichtiger Faktor: Zwischen der Verursachung der Klimakrise und ihren vollen Auswirkungen liegt eine beträchtliche Zeitdifferenz von rund drei Jahrzehnten, und auch der Bremsweg beträgt mehrere Jahrzehnte. Frühzeitig und vorbeugend zu handeln ist allerdings, entwicklungsgeschichtlich bedingt, nicht die übliche Handlungsweise der Menschen, denn wir reagieren meist erst auf eingetretene Schäden. Aber bei der Klimakrise schaffen wir »vollendete Tatsachen«, deutlich bevor diese sichtbar werden. Sie sind dann nicht mehr zu stoppen.

Um es zu wiederhoken: Die Auswirkungen der Klimakrise verteilen sich zeitlich, räumlich und sozial höchst ungerecht auf die verschiedenen Weltregionen und sozialen Schichten. Die geographische Trennung zwischen den Verursachern in den reichen Ländern der Erde und den Folgen, die vor allem die armen, ökologisch sensiblen Regionen treffen, ist fatal.[14] Derzeit erhöhen sich in Teilen Afrikas die Temperaturen um 0,3 Grad Celsius pro Dekade. 18 Prozent der dortigen Bevölkerung, deren Durchschnittsalter bei 25 Jahren liegt, leiden an Hunger und Unterernährung. Dabei ist Afrika mit rund 1,3 Milliarden Menschen gerade einmal für vier Prozent der Treibhausgase verantwortlich, auf das reichste Prozent der Weltbevölkerung entfallen dagegen fast 15 Prozent. Diese Ungleichheit lässt gnadenlose Verteilungskämpfe erwarten.

Die ärmsten Länder haben zudem die geringsten Möglichkeiten, sich zu schützen. Auf den Weltklimakonferenzen geht es heute in erster Linie um eine Anpassung an die Klimakrise. Dabei haben die ärmsten Staaten und allemal die pazifischen Inselstaaten weder technisch noch finanziell eine Chance, sich anzupassen. Für sie gibt es keinen Notausgang.

Von daher wächst die Gefahr, dass der relativ reiche Teil der Menschlichkeit versuchen wird, sich in grünen Oasen des Wohlstands von der unwirtlich werdenden Welt abzuschotten. Das erforderte dann wiederum mehr Militär, um Grenzen zu schützen und Migranten und Flüchtlinge abzuweisen. Es riecht nach Krieg.

Meinungen

Alexander Rahr
Russland verstehen
Falls Russland mit dem Krieg in der Ukraine versucht haben sollte, eine weitere NATO-Osterweiterung zu stoppen, die Ukraine zu entmilitarisieren und den ukrainischen Nationalismus zu liquidieren, so hat es diese Ziele gründlich verfehlt. Die NATO erweitert sich in Skandinavien bis an die Grenzen Russlands, die Ukraine ist heute ein mit westlicher Waffentechnik hochgerüstetes Land und sie wird ihre nationale Identität durch den Krieg verstärken. Sollte Russland allerdings mit dem Krieg einen Bruch mit dem Westen zu provozieren versucht haben, so ist dieses Ziel tatsächlich erreicht worden.

Auf der Suche nach den russischen Beweggründen für den Ukraine-Krieg greift man gern auf historische Parallelen zurück. Russland beteuert dabei immer wieder, stets Opfer fremder Aggressionen gewesen zu sein – seien es nun Polen, Schweden, Franzosen oder Deutsche, die in den letzten Jahrhunderten in Russland eingefallen waren. Wladimir Putins Rechtfertigung des aktuellen

Krieges, Russland habe seit Peter dem Großen bis heute nur früher verlorenes Terrain zurückgeholt, liefert einen Blick auf eine verhängnisvolle Begründung heutiger russischer Außenpolitik. Im Baltikum fragt man sich da verängstigt, ob ein Eroberungsfeldzug zur Wiederherstellung des Territoriums der Sowjetunion in Planung ist.

Tatsächlich besitzt Russland – ähnlich wie andere europäische Staaten – eine zutiefst imperiale Vergangenheit. Russland wurde nach dem Sieg über Napoleon 1815 erstmals stolzes Mitglied der »Heiligen Allianz« im europäischen Konzert der Mächte. Zusammen mit den anderen Siegermächten diktierte Zar Alexander I die neue Sicherheitsordnung in Europa, die lange Zeit Bestand hatte. Er verstand sich als der Retter des traditionellen Europas vor den radikalen Auswüchsen der Französischen Revolution. Vierzig Jahre später griff Russland nach der Machtsphäre des sich im Zerfall befindenden Osmanischen Weltreiches. Frankreich und England drängten Russland im Krimkrieg (1853–56) zurück; die russische Führungsrolle in Europa schwand. Zu Beginn des 20. Jahrhunderts verlor Russland den Russisch-Japanischen Krieg (1905) und den Ersten Weltkrieg, weil es sich mit seinen imperialen und panslawistischen Plänen verausgabt hatte. 1917 wurde es selbst – mit tatkräftiger Unterstützung der deutschen Heeresleitung – Opfer eines Zivilisationsbruchs durch die Oktoberrevolution. Das bolschewistische Russland wurde zum Paria in Europa. 1939 okkupierte Stalin, in Geheimabsprache mit Hitler, die westlichen Territorien, die Russland im Ersten Weltkrieg und im Bürgerkrieg abgeben musste, und stellte praktisch das zaristische Imperium wieder her.

Nach dem Zweiten Weltkrieg konnte die Sowjetunion die Nachkriegsordnung in Jalta mitbestimmen. Europa wird für 45 Jahre in zwei Machtblöcke geteilt. Nach dem Zerfall der Sowjetunion entstand eine neue Ordnung in Europa, ohne dass sie vertraglich festgelegt worden wäre. Der Verlierer des Kalten Krieges, Russland, wurde anders als 1815 der Verlierer Frankreich und 1947 der Verlierer Deutschland nicht in neue Bündnisse eingeschlossen. Putin forderte deswegen 2007 auf der Münchener Sicherheitskonferenz die Korrektur der europäischen Sicherheitsarchitektur – im Sinne der Beteiligung Russlands. Der Westen kritisierte die russischen Ansprüche als »imperial«, doch für Russland waren die sicherheitspolitischen Forderungen »existentiell«, eine geopolitische Zurückweisung war für das Land nicht länger akzeptabel. Seit 2014 herrscht ein geopolitischer Kampf um die Ukraine.

Russlands Fenster nach Europa, das Peter der Große vor 300 Jahren aufstieß, ist nunmehr zugeschlagen. Russland sieht sich in einer anderen, erst im Entstehen begriffenen antiwestlichen Sicherheitsordnung. Das eigentliche Kriegsziel Putins und seiner Eliten geht über die Ukraine hinaus; man nimmt den Bruch mit dem Modernisierungspartner Westeuropa hin und sieht darin die Chance für einen Neuanfang in eurasischen Bündnissen. Der Westen würde Russlands Großmachtstatus innerhalb einer europäischen Ordnung niemals akzeptieren, so die Begründung, deswegen müsse sich das Land geopolitisch andere Partner suchen. Während Putin seinen Angriffskrieg als präventive Verteidigung russischer Interessen vor westlicher Einkreisung durch eine »Regime Change«-Politik bezeichnet, sieht der Westen darin nur einen Vorwand. Ein militärischer Sieg der Ukraine bedeutet in den Augen der NATO und ihrer Verbündeten einen Sieg im globalen Kampf für Demokratie und Freiheit gegen die Autokraten dieser Welt.

Russland sieht sich im Verbund »mit dem Rest der Welt« gegen einen geschwächten Westen und versucht, die Rohstoffabhängigkeiten des Westens für seinen Vorteil zu instrumentalisieren, so wie der Westen gleichzeitig seine finanzwirtschaftlichen Instrumente gezielt einsetzt, um Russland auf die Verliererstraße zu bringen. In der Sanktionsspirale wird Russland vom globalen Finanzsystem und westlichen Technologien abgeschnitten, während der Westen vor dem Verlust von Rohstoffen, Bodenschätzen und Lieferketten steht.

In den deutschen Interpretationen wird in den Geschichtsbüchern nachgeschlagen und gefragt, ob Deutschland mit der Politik der Entspannung und der wirtschaftlichen Verflechtung in eine Falle gelaufen sei, weil die wahren geopolitischen Ziele Russlands ausgeblendet wurden. Hätte Deutschland nicht ahnen müssen, dass Russland sich niemals mit einem Verliererstatus abgeben würde (»der Zerfall der Sowjetunion als größte geopolitische Katastrophe«) und die Wiedererlangung seines Großmachstatus stets zur Staatsräson erklärt hatte?

Fanden sich nach dem 24.02.2022 die Anhänger der Entspannungspolitik, die sich in der Gorbatschow-Ära noch auf der richtigen Seite der Geschichte wähnten, plötzlich auf der falschen Seite wieder? Die Wahrheit ist, dass die deutsche Diplomatie niemals einer naiven Appeasement-Politik folgte, sondern der gleichen Priorität: Sie versuchte genauso ein neues russisches Imperium zu verhindern, wie Russland seine Großmachtpläne zu verwirklichen suchte. Der Westen unterstützte von Beginn an die ehemaligen Sowjetrepubliken (einschließlich der Ukraine) in ihren Bemühungen, sich von Russland zu lösen. Die östliche Partnerschaft, die Zentralasien-Initiative, das Zerbrechen des russischen Pipelinemonopols im Kaukasus, die Förderung der sogenannten Organisation für Demokratie und Wirtschaftsentwicklung (GUAM) als antirussisches Bündnis im postsowjetischen Raum, Schutz der ukrainischen Interessen im Gaskonflikt mit Russland, die drei Wellen der NATO-Osterweiterung, der Ausstieg aus dem ABM-Vertrag samt der Verlegung der amerikanischen Raketenabwehr nach Mittelosteuropa – waren das nicht alles ganz konkrete Schritte zur Eindämmung Russlands? Deutschland hat sie alle mitgetragen.

Der Objektivität halber muss festgestellt werden, dass all diese Eindämmungsschritte des Westens Wasser auf die Mühlen der Einkreisung Russlands waren. Tatsächlich war der Westen niemals bereit gewesen, eine europäische Friedenslösung mit Einschluss Russlands zu suchen, weil er Moskau misstraute. Die europäische

Sicherheitsordnung beruht auf der Führungsstärke der USA, eine andere konkurrierende Großmacht neben den USA würde die europäische Architektur sprengen. Zumindest hätte der Westen aber ein zeitliches Moratorium auf weitere NATO-Osterweiterungen mit Putin aushandeln können. An der These, dass Putin anfangs zu einer engen strategischen Zusammenarbeit, sogar zu einem Bündnis mit Europa bereit war, und sich nach der ständigen Absage des Westens radikalisierte, ist nichts falsch.

Deutschland und der Westen setzten auf das NATO-Prinzip der gleichzeitigen Kooperation und Abschreckung. Nach Putins Rückkehr ins Präsidentenamt 2012, die der Westen vergeblich zu verhindern suchte, wurde ersichtlich, dass ein gegen den Westen aufgebrachter und um den persönlichen Machterhalt besorgter utin, den »Wandel« als »schädlichen Demokratietransfer« bekämpfen wollte. Was hätte Deutschland damals Putin realistischerweise entgegensetzen können? Abschalten Russlands vom SWIFT-System, Stopp von Nord Stream II, Öl- und Gasembargo, NATO-Erweiterung auf Ukraine und Georgien? Diese Maßnahmen hätten Putin vom Krieg nicht abgehalten. Die deutsche Wirtschaft setzte bis zuletzt auf die gegenseitige Verflechtung und gegenseitige Abhängigkeiten im Energiebereich – bis klar wurde, dass die Hardliner in Russland (aber auch in den USA), die das Heft des Handelns in die Hand nahmen, einem geopolitischen Kräftemessen nicht mehr ausweichen wollten.

Ein Atomkrieg schien bislang nach aller Logik ausgeschlossen. Auch in der berüchtigten Kuba-Krise 1963 wurde die Gefahr von Atombomben gestoppt. Die Anführer der USA und der UdSSR verhandelten direkt miteinander, Chruschtschow lenkte schließlich ein. Es folgten historische Abrüstungsverträge. Seitdem funktionierte das Gleichgewicht des Schreckens und auch die Weltöffentlichkeit war bezüglich eines Atomwaffeneinsatzes anders sensibilisiert als heute. Heute ist die Führungselite des Westens und Russlands nicht mehr durch die Erinnerungen an die Zerstörungen der Weltkriege geprägt. Der Westen will Russland um keinen Preis nachgeben. Russland kann, darf und wird niemals gewinnen, heißt es. Mit einem Atomkrieg zu drohen, gilt als Bluff.

Die allerwichtigste Frage im Zusammenhang mit »Russland verstehen« lautet: Wird Russland, wenn es seine gesetzten Ziele in der Ukraine nicht erreicht oder sogar militärisch zurückgedrängt wird, die Atombombe zünden? Die Frage ist berechtigt, denn hier steht das Schicksal der gesamten Menschheit auf dem Spiel. Putin weiß, dass ein Scheitern russischer Pläne in der Ukraine nicht nur seine persönliche Macht gefährden, sondern auch sein Land vor die Frage des politischen Zerfalls stellen könnte.

Der Ukraine-Krieg wird irgendwann enden. Wird der Westen gestärkt und Russland geschwächt aus der Krise hervorgehen? Wird Europa durch einen neuen Eisernen Vorhang mitten durch die Ukraine geteilt sein wie einst Deutschland? Oder wird die europäische Sicherheitsarchitektur einem neuen eurasischen Machtblock aus Russland und China konfrontativ gegenüberstehen? Weder Russland noch eine souveräne Ukraine oder die EU werden von der Karte verschwinden. Sie bleiben ewige Nachbarn, selbst wenn eine notwendige Koexistenz zwischen dem Westen und Russland heute schwer vorstellbar ist.

Gegenwärtig scheint der Konflikt unlösbar – das ginge nur nach einer Kapitulation einer der Seiten, wenngleich ein solcher Ausgang reines Wunschdenken ist. Es steht ein langer Weltanschauungskonflikt bevor, begleitet von Cyber-Attacken, militärischer Hochrüstung, schmerzlicher Entfremdung, Kulturkampf, Kirchenspaltungen, belastenden Sanktionsspiralen, einer ständig drohenden Kriegsgefahr in der Ukraine und dem Zusammenbruch der bisherigen Globalisierung. Nach Jahren der allgemeinen Ermüdung und Abnutzung wird Europa, wie immer nach einer Periode unheilvoller Geschichte, zu Abrüstung, Entspannung und Frieden übergehen müssen, um einen selbstzerstörerischen Kalten Krieg über das gesamte 21. Jahrhundert zu verhindern. Oder es kommt alles noch schlimmer, wenn der Konflikt über Europas Grenzen hinausgeht, weil China, Asien oder die USA in ihn eingreifen.

Bekanntlich teilen China und Indien die russische Ablehnung der unipolaren westlichen Weltordnung. Die Folgen des Krieges werden für beide, Russland und die Ukraine, ruinös werden, in Afrika bahnt sich eine Hungerkatastrophe an, in der EU eine Energiekrise, auf globaler Ebene eine Inflation. Ein Zerfall des Mittleren Ostens ist nicht abgewendet, der Iran steht an der Schwelle zur Atommacht, Nordkorea testet ballistische Raketen, die Türkei positioniert sich gegen den Westen, und über allem schwebt die Gefahr der Klimakatastrophe. Der ausbrechende Weltenbrand wird dann unmöglich zu löschen sein.

Alexander Rahr ist Senior Fellow am WeltTrends Institut für Internationale Politik.

Wolfgang Biermann
Ziel und Weg *bleibt Gemeinsame Sicherheit – trotz alledem!*

In seiner Eröffnungsrede der Atomwaffen-Überprüfungskonferenz am 01.08.2022 erklärte der UN-Generalsekretär Antonio Guterres:

> »Die Bedrohung durch einen Atomkrieg ist heute so real wie auf dem Höhepunkt des Kalten Krieges. [...] Wir haben bisher sehr viel Glück gehabt. Aber Glück ist keine Strategie. Es schützt auch nicht vor den geopolitischen Spannungen, die überkochen und zu einem Atomkrieg führen könnten. [...] Mittlerweile befinden sich weltweit fast 13 000 Atomwaffen im Arsenal. Die einzige Garantie dafür, dass Atomwaffen niemals eingesetzt werden, ist ihre Beseitigung.«

Er warnte vor einem erneuten Scheitern der NPT-Überprüfungskonferenz, wenn sie nicht zum Konsens über die Bekräftigung der Verpflichtung der 5 offiziellen Atommächte komme. Damit würden die »Mechanismen zur Verhinderung einer Eskalation geschwächt«.

Ein »Nebenergebnis« des Scheiterns 2015 war immerhin der Beschluss der UN-Generalversammlung gegen die Stimmen der Atommächte und ihrer Verbündeten, den Atomwaffenverbotsvertrag auszuhandeln, der für seine rund 60 Vertragsstaaten seit Januar 2021 gültiges Völkerrecht ist. Die mit der Aggression Russlands gegen die Ukraine eingeläutete »Zeitenwende« hat zum Wiederaufleben des Glaubens an die nukleare Abschreckung beigetragen. Allerdings war die Welt mit existierender »Abschreckung« bereits mehrfach auf der Schwelle zum Atomkrieg – der nur durch ernsthafte Verhandlungen über atomare Abrüstung verhindert wurde:

1962 begann die erste Phase der Entspannungspolitik durch Rüstungskontrolle und Wandel durch Annäherung. Am 28.10.1962 wurde die Eskalation der Kuba-Krise zum Atomkrieg in letzter Minute durch die erste »Rüstungskontrollvereinbarung« zwischen Washington und Moskau gestoppt: Damals vereinbarte John F. Kennedy (entgegen dem Rat seiner meisten Berater) mit Nikita Chruschtschow den Abzug der sowjetischen Atomraketen aus Kuba und der (offiziell verschwiegenen) amerikanischen Atomraketen aus der Türkei und Italien.

Kennedy begründete diese Erfahrung, dass die Eskalation der Kuba-Krise zur »Vernichtung beider Länder binnen 24 Stunden hätte führen können«, in seiner berühmten Rede am 10.06.1963. Eine »Strategie des Friedens« anstelle der

> »Pax Americana, die der Welt durch amerikanische Kriegswaffen aufgezwungen wird [...]. Letzten Endes besteht unsere grundlegendste Gemeinsamkeit darin, dass wir alle auf diesem kleinen Planeten leben. [...]. Vor allem müssen die Atommächte Konfrontationen abwenden, bei denen ein Gegner nur die Wahl zwischen demütigendem Rückzug und Atomkrieg hat. Würde man im atomaren Zeitalter einen solchen Kurs einschlagen, wäre dies lediglich ein Beweis für den Bankrott unserer Politik – oder dafür, dass wir der ganzen Welt den kollektiven Tod wünschen.«

Zwar wurde Kennedy am 22.11.1963 ermordet und Chruschtschow 1964 gestürzt, aber die USA und die UdSSR einigten sich in den folgenden Jahren auf eine Reihe von Rüstungskontrollabkommen zur Kriegsverhütung und Begrenzung des Wettrüstens mit Atomwaffen, Raketen und Raketenabwehrsystemen. Die »Strategy for Peace« war ein Ausgangspunkt für die »deutsche« Entspannungspolitik, die Willy Brandt und Egon Bahr einen Monat später in Tutzing vorstellten: »Wandel durch Annäherung«, kurz darauf, im Dezember 1963, praktiziert mit dem ersten Passierscheinabkommen.

Am 28.10.1969 begann die »heiße Phase« der Entspannungspolitik mit Willy Brandt als Bundeskanzler. Bevor er Egon Bahr zu Verhandlungen nach Moskau schickte, räumte er zwei politische Steine aus dem Weg:

Am 28.11.1969 unterzeichnete Deutschland den Atomwaffensperrvertrag, den Brandt als Bundesaußenminister in der Großen Koalition gegen den Widerstand der CDU/CSU nicht hatte durchsetzen können. Am 01.02.1970 unterzeichneten Vertreter der deutschen Wirtschaft und der UdSSR den »Erdgas-Röhren-Vertrag.« Damit endeten die seit 1962 nach Beschluss des NATO-Rates verhängten Sanktionen gegen die UdSSR (»Röhren-Embargo«) und Egon Bahr verhandelte mit Moskau über die Überwindung unvereinbarer Rechtspositionen, die die Normalisierung der deutschen Beziehungen zu seinen östlichen Nachbarn seit Jahrzehnten blockierten. Erst nach zähen Verhandlungen gelang die Einigung über den Moskauer Vertrag.

Während der 70er-Jahre verschlechterten sich die Ost-West-Beziehungen dramatisch: Rüstungskontrollgespräche stagnierten, die Supermächte verhandelten primär über strategische Waffen, während in Europa ein neuer Rüstungswettlauf mit begrenzt einsetzbaren Atomwaffen begann (Neutronenbombe, SS-20, Nachrüstung). Mit der sowjetischen Intervention in Afghanistan 1979, dem NATO-Doppelbeschluss vom Dezember 1979 und dem Kriegsrecht in Polen kehrte der »neue« Kalte Krieg nach Europa zurück.

Mit der Ankündigung des Raketenabwehrprogramms SDI erklärte Präsident Reagan in einer Fernsehansprache am 23.03.1983: Gekoppelt mit »Angriffssystemen, können sie als Nährboden einer aggressiven Politik angesehen werden, und das will niemand«.

Wichtige Elemente in der Politik von Willy Brandt und Egon Bahr waren dagegen die drei unabhängigen Kommissionen der UN (Brandt-, Palme- und Brundtland-Kommission). Besondere Bedeutung hatte dabei der Bericht der Palme-Kommission, der 1982 den Vereinten Nationen vorgestellt wurde. Auf der SIPRI-Konferenz 1983 erläuterte Egon Bahr die Überwindung der Abschreckung durch Gemeinsame Sicherheit: »Die Abschreckungsdoktrin [...] verbindet Kriegsprävention mit der Fähigkeit, Kriege zu führen [...]. Abschreckung und Aufrüstung sind Zwillinge. Solange die Abschreckungsdoktrin gilt, wird das Wettrüsten weitergehen.« Abschreckung ist eine Idee, der am Ende Rache droht. Da diese Rache bis zur Selbstvernichtung geht, ist nicht nur deren Glaubwürdigkeit, sondern auch die Akzeptanzbereitschaft der Bevölkerung zu bezweifeln. Und eine demokratische Gesellschaft kann ohne die entschiedene Zustimmung der Bevölkerung auf Dauer kein verlässliches Verteidigungssystem aufrechterhalten. Die Androhung der Vernichtung dessen, was eigentlich zu verteidigen ist, ist keine überzeugende Perspektive. Also muss die Abschreckungsdoktrin aufgegeben und durch etwas anderes ersetzt werden.

Lessons Learned von Kennedy, Bahr und Brandt: Entspannungspolitik ist kein Appeasement, sondern Realpolitik gegenüber potentiell gefährlichen Gegnern, um Spannungen und Kriegsgefahren zu reduzieren und »Gemeinsame Sicherheit« zu schaffen. Darum geht es auch heute.

Dr. Wolfgang Biermann war Mitarbeiter von Egon Bahr.

Jürgen Scheffran

Von der Kriegslogik zur Friedenslogik

Die völkerrechtswidrige Invasion der Ukraine durch Russland bringt unabsehbare Opfer und Schäden mit sich. Am stärksten betroffen sind die Menschen in der Ukraine, aber auch die Bevölkerung Russlands und Menschen in der ganzen Welt tragen schwerwiegende Folgen. Die Kriegslogik zerstört die Bedingungen für eine nachhaltige Friedensordnung und die Lösung globaler Probleme. Indem Russland und die Ukraine militärische Mittel einsetzen, der Westen härteste Sanktionen verhängt und schwere Waffen bereitstellt, eskalieren beide Parteien den Konflikt und verlängern ihn. Ein möglicher Welt- und Atomkrieg riskiert das Ende der Menschheit, absichtlich oder aus Versehen. Wirtschaftskriege, die die Energie- und Nahrungsversorgung treffen, sind kontraproduktiv, treffen auch die eigene Bevölkerung, destabilisieren und polarisieren Gesellschaften.

Ein solcher Krieg untergräbt Lehren der Geschichte, belebt geopolitische Machtkämpfe und Gewaltkonflikte, verbaut Verhandlungslösungen, marginalisiert Zivilgesellschaft und Friedenskräfte. Frühere Erkenntnisse der Friedenswissenschaft werden zugleich ignoriert und bestätigt. Statt Sicherheit zu schaffen, erhöhen Militär und Rüstung die gegenseitigen Bedrohungen und fördern ein Wettrüsten. Waffenlieferungen gießen Öl ins Feuer, verstärken Sicherheitsdilemmata sowie Gewaltspiralen und verlängern den Krieg. Es werden enorme Finanzmittel und Ressourcen verbraucht, die für die Bewältigung gesellschaftlicher Probleme nicht zur Verfügung stehen, Umwelt und Klima belasten.

Verdrängt wird, wie es zu der Katastrophe kam, wer über Jahrzehnte die Eskalationsspirale angetrieben hat. Im Vorfeld des Krieges wurden Warnungen und Vorschläge ignoriert, Prinzipien von Kriegsvermeidung und Friedenssicherung missachtet. Die heutige Weltlage eines neuen Kalten Krieges mit Russland war lange absehbar. Ist dafür nur der zum Dämon erklärte Putin verantwortlich oder auch die NATO, die sich nach dem Sieg im Kalten Krieg nach Osten ausweitete, bis zur Schwelle des Krieges? Dieser Krieg hat viel mit der westlichen Expansion zu tun, die an verschiedene Grenzen stößt, Umbrüche und Krisen verursacht. Damit verbunden sind verschiedene Militärinterventionen auf beiden Seiten, ebenso wie nationalistische, autoritäre und identitäre Strömungen. Miteinander vernetzte Krisen und Konflikte können sich aufschaukeln, Kettenreaktionen auslösen und Kipppunkte überschreiten. Die Lage erinnert an die Umbrüche vor hundert Jahren, mit Erstem Weltkrieg, Spanischer Grippe, Weltwirtschaftskrise und nicht zuletzt dem Faschismus, der zum Zweiten Weltkrieg führte.

In der Kriegslogik gefangen sind nicht nur Russland, sondern auch die USA und ihre westlichen Verbündeten, die im Kampf um ihre Hegemonie Prinzipien über Bord werfen.

Zukunftsorientierte Prävention, die auf Brandvermeidung setzt, wird in der Politik oft klein geschrieben gegenüber dem nachsorgenden Katastrophenmanagement, das an die Front gerufen wird, wenn es schon brennt. Um in die Zukunft zu schauen, braucht es keine Glaskugel, es reicht, Entwicklungsrichtungen zu erkennen. Wenn zwei Züge aufeinander zurasen, versteht jedes Kind, was passiert, falls sie nicht bremsen oder auf ein anderes Gleis umlenken. Wo ist der Unterschied, wenn zwei politische Lager auf Konfrontationskurs liegen, wie bei der westlichen Osterweiterung, die auf die russische Grenze zusteuerte? Hat Putin nicht deutlich genug davor gewarnt, bevor er mit einem Gegenzug den Zusammenstoß vor der eigenen Grenze in der Ukraine auslöste? Wer seit Jahrzehnten mit Aufrüstung und Militärinterventionen die internationale Ordnung und das Völkerrecht untergraben hat, ist ein schlechter Ratgeber für friedliche Lösungen. Getrieben durch die am Krieg verdienende Rüstungsindustrie drängen diese Kräfte schon lange auf eine »Zeitenwende« geopolitischer Machtkämpfe. Mit Kriegsbeginn erhöhte auch Deutschland die in den letzten Jahren stark gestiegenen Militärausgaben und übertrifft nun alleine schon die von Russland vor dem Krieg.

Die mediale Berichterstattung verstärkt Empörungsreflexe wie eine Echokammer, schafft Feindbilder und Blockkonfrontation. (Selbst-)kritische Ansichten werden diskreditiert, jede eigene Verantwortung für die Verursachung der Probleme wird zurückgewiesen. Opfer ist die Wahrheit, Kriegspropaganda dominiert auf allen Seiten. Gegen das absolut Böse lässt sich jede eigene Tat rechtfertigen, der Export und Einsatz von Waffen ebenso wie die Beschaffung von Öl und Erdgas aus autokratischen Staaten oder die Reaktivierung von Kohle und Atomkraft. Dabei sind fossil-nukleare Energien und militärische Mittel für die Bewältigung (sicherheits-)politischer Herausforderungen unserer Zeit (Klimawandel, Pandemien, Ressourcenmangel, Terrorismus, Cyberkonflikte, Armut und Hunger) schlecht geeignet und behindern ihre kooperative und nachhaltige Lösung. Wenn die Totalisierung des Kriegs alle Bereiche der Gesellschaft erfasst, autoritäre Strukturen von Militarismus, Kriegsgehorsam und Denkverboten fördert, untergräbt der Westen seine eigene, wertebasierte Ordnung.

Dies hat auch Auswirkungen auf den globalen Süden. Einige Staaten äußern Verständnis für die russische Position und unterstützen nicht den Westen, dessen koloniale Geschichte kritisch gesehen wird. Ihm wird Eurozentrismus, Doppelmoral und Ungerechtigkeit bei der Durchsetzung seiner Interessen vorgeworfen, bei Bedarf auch mit Gewalt und gegen die Regeln, während er anderen eine liberale Demokratie aufdrängt. Die von Brzezinski und anderen Geopolitikern anvisierten geostrategischen Schachspiele in Asien berühren nicht nur die Interessen von Russland und China, dem größten und dem bevölkerungsreichsten Land der Erde, sondern auch Zentralasiens, Indiens, Irans, Pakistans und Afghanistans. Ist es da verwunderlich, dass einige bereit sind, sich einer Gegenkoalition der BRICS-Staaten (Brasilien, Russland, Indien, China, Südafrika) anzuschließen? Andere sehen Chancen, in einer

Blockkonfrontation ihre Interessen einzubringen wie im Kalten Krieg. Gelingt Putin eine neue Spaltung der Welt (the West and the Rest), wäre das für ihn ein Erfolg. Gegenüber der großen Mehrheit der Menschheit wäre der Westen nur noch eine kleine Minderheit.

Gegen das Vergessen ist es die Pflicht der Wissenschaft, das Wissen über Krieg und Frieden für die Beendigung des Ukraine-Krieges und die Verhinderung weiterer Kriege zu aktivieren. Dies setzt voraus, dass die Wahrheit gegen den Druck machtpolitischer Interessen und trotz der moralisch aufgeheizten Stimmung zwischen »Gut« und »Böse« öffentlich ausgesprochen werden kann, ohne eine persönliche Diskreditierung zu riskieren. Auf die Anklagebank gehören die zum Krieg drängenden Kräfte, nicht die Friedenskräfte, die seit Bertha von Suttner vor Krieg warnen. Das Wissen über Kriegsursachen und Friedenslösungen muss genutzt werden, um Krieg zu beenden und weitere Eskalation zu vermeiden. Der Kriegslogik gegeneinander muss die Friedenslogik miteinander entgegengesetzt werden.

Neben der humanitären Hilfe für Flüchtlinge und Opfer von Gewalt sollten die Verbindungen zur Zivilgesellschaft und Friedensbewegung in Russland und der Ukraine ausgebaut werden, um Bewegungen zur Beendigung des Kriegs zu mobilisieren. Zivile Prinzipien für menschliches Zusammenleben und Konfliktlösung müssen gefördert, das Völkerrecht gestärkt werden. Deeskalation, Diplomatie, Verhandlung und Vermittlung zwischen den Konfliktparteien sind eine Voraussetzung, um Kriegshandlungen einzustellen und die Waffen zurückzuziehen. Eine europäische und globale Friedensordnung kann nur mit Russland und China geschaffen werden. Das Konzept der gemeinsamen Sicherheit setzt auf »Win-win«-Lösungen und berücksichtigt nicht nur die eigenen Sicherheitsinteressen, sondern auch die der anderen Akteure.

Prof. Dr. Jürgen Scheffran ist Friedens- und Klimaforscher an der Universität Hamburg.

Uwe Wötzel

Die Rüstungsindustrie feiert die Zeitenwende

Heute müssen wir feststellen, dass die Zielsetzung der NATO auf Lügen und Mythen beruht. Die PR-Arbeit der NATO, ihre permanente Legitimationsrhetorik in den Medien des Mainstreams, blieb nicht ohne Wirkung. Es war nicht wirklich überraschend, dass Bundeskanzler Scholz vor dem Bundestag am 27.02.2022 eine deutliche Steigerung der Militärausgaben versprach und für die Bundeswehr zusätzlich 100 Milliarden Euro als Sondervermögen ankündigte.

Finanzminister Lindner erklärte, Deutschland solle eine der »schlagkräftigsten Armeen in Europa« erhalten. Das Programm sichert den deutschen Waffenschmieden Rekordaufträge. Ihre Aktienkurse schnellten um weit mehr als 50 Prozent in die Höhe. Rheinmetall, Deutschlands größter Rüstungskonzern, hat ein Angebot für Waffenlieferungen im »Wert« von 42 Milliarden Euro binnen zwei Jahren vorgelegt. Sein Umsatz hatte 2020 noch bei 3,7 Milliarden gelegen.

Dabei hatte Deutschland Anfang Februar der NATO erneut Militärausgaben in Rekordhöhe gemeldet, für 2022 insgesamt 53,03 Milliarden Euro. Die Ausgaben waren um 28 Prozent höher als 2011. Russlands Militärausgaben lagen bei 61,7 Milliarden Euro, die der USA bei geschätzten 778 Milliarden US-Dollar. Diese riesigen Summen haben die Welt nicht sicherer gemacht. Nun soll auch das tödliche Potential der Atomwaffen modernisiert und gesteigert werden. Sowohl Russland als auch die USA können die Erde bereits jetzt mehrfach auslöschen.

Im Juni 2021 hat der Haushaltsausschuss der weiteren Finanzierung des Future Combat Air Systems (FCAS) zugestimmt. Das ist ein neuartiger Kampfjet mit Tarnkappen-Technologie, der von Drohnenschwärmen begleitet wird, durch eine »Gefechts-Cloud«. FCAS wird gemeinsam von Frankreich, Spanien und Deutschland entwickelt, allein die Entwicklungskosten werden auf über 100 Milliarden Euro geschätzt. Es handelt sich um ein System, das Atombomben im Schutz der Drohnen ins Ziel bringen soll. 200 Puma-Schützenpanzer, Militärhubschrauber von Airbus, Kriegsschiffe von ThyssenKrupp Marine Systems und Radarsysteme von Hensoldt sind zudem im Gespräch, angekauft zu werden.

Die Bundesregierung wird mit dem Paket die Rüstungsausgaben nahezu verdoppeln. Als gäbe es keine anderen, nämlich soziale, ökologische, gesundheits- und bildungspolitische Prioritäten. Doch bereits jetzt steht ein Gewinner fest: die Rüstungsindustrie.

Uwe Wötzel war lange Zeit Gewerkschaftssekretär im Bereich Politik und Planung in der Bundesverwaltung von ver.di.

Myriam Rapior
Verlorene Gewissheiten

Ich bin Teil der Generation, die in einem unfassbar großen Wohlstand aufwuchs und diese Zustände als normal und gegeben erlernt hat. Selbstverständlich sind für mich das fließende Wasser, die heiße Dusche und mehrere Mahlzeiten pro Tag. Selbstverständlich war für mich auch der Frieden und die Abwesenheit von Gewalt. Bewaffnete Konflikte waren für mich höchstens Gegenstand des Geschichtsunterrichts und von Nachrichten, weit entfernt von meinem Alltag.

Durch den Krieg in der Ukraine verlor ich den Glauben an bisherige Gewissheiten. Gerne denke und schreibe ich nicht darüber, da mich die Angst einholt, wenn ich mir Kriegszustände vorstelle, die ich bisher nie erleben musste. Wie schrecklich muss es sein, in Todesangst einschlafen zu müssen? Mein Bruder fragte mich im Februar zu Kriegsbeginn, ob ich es feige fände, wenn er in einer ähnlichen Situation fliehen statt kämpfen würde. Wir versuchten, uns gedanklich in die Lage der jungen Frauen und Männer der Ukraine zu versetzen – es gelang uns nicht.

Ich war mir gewiss, dass Krieg Teil einer vergangenen Zeit sei. Die »Global Citizens«, die durch Social Media weltweit vernetzt sind, würden Angriffskriege nicht zulassen. Mein Opa war neun, als der Zweite Weltkrieg mit dem deutschen Überfall auf Polen begann. Als ich neun war, hatte ich bereits jeweils drei Jahre in Russland, Deutschland und Ägypten gelebt. Ich hätte es nicht für möglich gehalten, dass aus Moskau, wo ich meine ersten drei Lebensjahre verbrachte, nun Kriegsbefehle ergehen. Ich erinnere mich gut an eine russische Kinderserie, »Nu, Pogodi!«, in der ein Hase ständig auf der Hut vor einem Wolf ist. Sich des Friedens nicht gewiss zu sein und auf einen Angriff gefasst sein zu müssen, das sind für mich fremde Ängste.

Unter dem Motto »Nie wieder Krieg« pflegte ich in den Sommern 2013 bis 2015 zusammen mit jungen Menschen aus Russland, Belarus, der Ukraine, Frankreich und Polen Kriegsgräber des Ersten und Zweiten Weltkriegs. Bei den Jugendfreizeiten des Volksbund Deutsche Kriegsgräberfürsorge vergaßen wir unsere Nationalitäten, schließlich zogen wir gemeinsam die Namen gefallener Soldaten auf Grabsteinen nach. Während wir gemeinsam abends anstießen und feststellten, dass wir die gleichen Lieder und Schauspieler feierten und unsere Interessen sehr nah beieinander lagen, bekriegten sich vor rund 100 und 75 Jahren am gleichen Ort junge Menschen unserer Länder. Vollkommen absurd schien uns dieser Gedanke. Wir würden so was nie erleben, dachte ich. Menschen, die heute gemeinsam singen und lachen, schlagen sich morgen nicht die Köpfe ein. Doch das Gegenteil wird uns bewiesen. Auf den Jugendfreizeiten nahm ich die ukrainischen und russischen Teilnehmer häufig als eingeschweißte Cliquen war, doch trotz grenzübergreifender Freund- und Partnerschaften marschierten jetzt russische Truppen in die Ukraine ein.

Im Dezember 2020 hielt ich auf einer Friedensdemo vor dem Kanzleramt eine Rede. Vor mir sprachen der damalige Vorsitzende des Deutschen Gewerkschaftsbundes, Reiner Hoffmann, und der

Vorsitzende des Paritätischen Wohlfahrtsverbands, Ulrich Schneider. Wir empörten uns, weil die Bundesregierung den Haushaltsetat der Bundeswehr erhöhte und wir die Mittel an anderer Stelle eingesetzt sehen wollten.

Mittlerweile schweige ich zu dem Thema finanzielle Ausstattung der Bundeswehr. Meine Meinung zu Waffen und Gewalt hat sich nicht verändert, sie sind nie eine Lösung und verschärfen Konflikte. Aber was bedeutet es, keine moderne Militärausrüstung zu besitzen? 100 Milliarden gehen also an die Bundeswehr. Geld, das wir zur Anpassung an den Klimawandel, zum Schutz von bedrohten Arten und zur Reduktion von Treibhausgasemissionen dringend brauchen. Wir können uns als globale Weltgemeinschaft keinen Angriffskrieg leisten. Stattdessen müssten wir als Gesellschaft entschlossen zusammenarbeiten, um ökologische Krisen noch aufhalten zu können.

Als Umweltaktivistin versuche ich angesichts sich verschärfender Umweltkrisen wie brennenden Wäldern und Dürreperioden nicht zu verzweifeln. In der Zukunftskommission Landwirtschaft, die 2020 nach heftigen Protesten von Landwirt:innen auf der einen und von Umweltschützer:innen auf der anderen Seite von der Regierung unter Angela Merkel berufen wurde, verhandelten wir monatelang. In einem aufwendigen Prozess versuchten wir soziale, ökologische und ökonomische Interessen rund um Landwirtschaft und Ernährung in Einklang zu bringen. Schlussendlich einigten wir uns auf einen gemeinsamen Pfad der Gestaltung der Transformation, der allerdings von heute auf morgen durch den russischen Angriff ins Wanken geriet. Fragen der Sicherheit bestimmen das politische Tagesgeschäft, Ziele der Nachhaltigkeit können nicht erste Priorität erhalten. Das frustriert meine Generation und meinen Umweltverband, die bei Demos wie Fridays For Future an die Dringlichkeit zum Handeln gegen die Zerstörung des Planeten appellierten.

Allein aus ökologischen Notwendigkeiten müssen wir als Weltbevölkerung friedvoll beisammenstehen. Wenn wir kämpfen, dann höchstens Seite an Seite gegen Klimakrise, Artensterben, Armut und Hunger. Ich wäre gerne voller Zuversicht und versuche in Bezug auf die sich verändernde Umwelt hoffnungsvoll zu bleiben. Denn was bleibt uns übrig, als daran zu glauben, dass uns die ökologische Gestaltung der Transformation der Wirtschaft gelingen und der Frieden in der Welt als Dauerzustand eines Tages einkehren wird?

Myriam Rapior war Sprecherin der BUND-Jugend und ist Aktivistin bei Fridays For Future.

IV. Gemeinsame Sicherheit 2022

»Make poverty history,
make conflicts and wars history,
make environment destruction history,
make human abuse history.«

Charta der Vereinten Nationen 1945

Eine friedliche Welt und ein gutes Leben für alle Menschen brauchen eine Weltinnenpolitik, deren Grundlagen die Vereinten Nationen bereits in den 1980er-Jahren beschrieben haben: Gemeinsames Überleben, Gemeinsame Sicherheit und Gemeinsame Zukunft für alle Staaten der Erde. Die Berichte, die auf Willy Brandt, Olof Palme und Gro Harlem Brundtland zurückgingen, müssen als Einheit gesehen werden. Nur so kann es zu Frieden und Nachhaltigkeit kommen.

Das Versprechen der UNO

Was die Vereinten Nationen 1945 in ihrem Gründungsvertrag als Aufgaben der Menschheit nach der Katastrophe der beiden Weltkriege festgelegt haben, ist unverändert aktuell. Es sind Ziele, die grundlegende Reformen vor allem in den Industriestaaten, eine faire Nord-Süd-Zusammenarbeit, eine Weltinnenpolitik und eine Stärkung der UNO erfordern.

Das alte Fortschrittsversprechen, das sich nicht zuletzt mit der ressourcenintensiven Industrialisierung und Weltmarktexpansion mit dem Wachstums- und Verwertungszwang verbindet, stößt immer schneller an ökologische Grenzen des Erdsystems, auf deren Einhaltung menschliches Leben angewiesen ist. Theodor Adorno und Max Horkheimer merkten in der *Dialektik der Aufklärung* an, dass der Fortschritt »immer auch den Keim des Rückschritts in sich trägt«.[1] Das spitzt sich im Zeitalter der Globalisierung zu. Notwendig ist eine Weltinnenpolitik, die Frieden, Nachhaltigkeit, Demokratie und soziale Gerechtigkeit ins Zentrum stellt – nicht nur aus ethischen und humanitären Gründen, sondern auch um der Selbsterhaltung der menschlichen Gattung willen.

Sicherheit in Zeiten der Transformation

Was wir heute wieder erleben, ist die Folge der »Entbettung wirtschaftlicher Prozesse aus gesellschaftlichen Bindungen«, wie der Wiener Wirtschaftsanthropologe Karl Polanyi das in seinem fundamentalen Werk *The Great Transformation* beschrieben hat.[2] Polanyi suchte nach einer Erklärung für die großen Katastrophen des 20. Jahrhunderts – für ihn lagen sie in der Radikalisierung der Marktprozesse als Ursache für die Weltwirtschaftskrise von 1929.

Die Antwort, die von den westlichen Industriestaaten nach 1945 auf die Große Transformation gegeben wurde, war – in Anlehnung an den New Deal der USA – der Wohlfahrtsstaat, in Deutschland die »soziale Marktwirtschaft«. Der Kapitalismus wurde gewissermaßen gezähmt. Das Nachkriegsmodell entschärfte den Gegensatz von Arbeit und Kapital und führte zu einer »sozialen Verregelung von Gewalt«, wie es der Sozialwissenschaftler Norbert Elias in *Über den Prozess der Zivilisation* ausdrückt.[3]

Die Entwicklung der modernen Gesellschaft ist nie vor Rückschritt gefeit, so wie das seit Jahrzenten durch die Liberalisierung der internationalen Wirtschaft, die Globalisierung freier Märkte und die gewaltige Steigerung technischer Macht der Fall sein kann.

Wir können uns der Zukunft nicht mehr gewiss sein. Horkheimer stellte bereits 1967 die Frage, ob die europäische Gesellschaft »die Kraft noch in sich habe, dem eigenen Prinzip, dem richtigen Zustand unter den Menschen, zur Wirklichkeit zu verhelfen«[4]. Das ist heute aktueller denn je.

Unter diesen Bedingungen verliert die Politik, wenn sie nicht zu einer tiefgreifenden Erneuerung fähig wird, die Kontrolle über die weitere Entwicklung. Krisen werden häufiger, die Integrationskraft der Gesellschaften geht verloren, der soziale Zusammenhalt erodiert. Doch der politische Mainstream hält interessenbedingt noch immer an einem linearen Fortschrittsverständnis fest, das auf ein möglichst hohes Wachstum und möglichst viele technische Innovationen setzt, ohne nach den längerfristigen Folgen zu fragen. Dabei kann das Ergebnis nur in erbitterte Verteilungskonflikte führen, aus denen Gewalt und sogar Krieg »erwachsen« können.

Über der Koalitionsvereinbarung zur Bildung der Bundesregierung von 2021 von SPD, Grünen und FDP steht »Mehr Fortschritt wagen«. Was ist damit gemeint? Mehr vom bisherigen Fortschritt, der in die ökologische Notlage geführt hat? Dagegen liegen die wertvollen Berichte zur Technikfolgenabschätzung, die sich mit zentralen Zukunftsfragen beschäftigen, ungelesen im Bundestag herum. Debatten darüber finden kaum statt, obwohl sie gerade dort überfällig sind.

Die Überlastung der Erde und der Raubbau an der Natur führen die Menschheit in eine existentielle Notlage, deren deutlichste Gefahr die globale Klimakrise ist. Umso mehr muss es zu einer sozial-ökologischen Umgestaltung kommen – national, europäisch und weltweit, ein tiefgehender Umbau von Wirtschaft und Gesellschaft. Eine der Voraussetzungen ist die Stärkung der Vereinten Nationen, die in die Lage versetzt werden müssen, ihre Gründungsversprechen zu erfüllen.

Ein Ende des Schneller, Höher, Weiter

Im Sinne von Polanyi heißt die Alternative, um die es heute geht: Entweder kommt es angesichts der neuen Unsicherheiten und der sich vor uns aufbauenden Herausforderungen zu grundlegenden Reformen oder es kommt zu einer repressiven, gewalttätigen Gegenbewegung. Polanyi nannte dies »Doppelbewegung«, die auch nach der Weltwirtschaftskrise in den westlichen Industrieländern eintrat: In den USA der New Deal zum Wohlfahrtsstaat; parallel dazu in Deutschland (wie zuvor in Italien und anderen Staaten) zum Nazismus bzw. Faschismus.

Heute stehen wir vor der gebieterischen Notwendigkeit einer sozial-ökologischen, aber auch friedenspolitischen Neuordnung der zusammengewachsenen Welt. Das sind zwar andere Herausforderungen als vor und nach 1929, aber auch heute kann das »polanyische Pendel« in zwei gegensätzliche Richtungen ausschlagen.

Ein New Deal, dessen Grundlage in der Nachkriegszeit ein stabiles und hohes Wachstum auf der Basis der wirtschaftlichen Rekonstruktionsperiode und der keynesianischen Wirtschaftstheorie war, braucht heute allerdings eine andere, sehr viel weiterreichende Programmatik, die von den ökologischen Grenzen des Wachstums ausgeht. Denn die Welt überschreitet in diesem blinden Glauben bereits die ökologischen Grenzen des Wachstums, sie ist für das menschliche Leben unverträglich mit der Zukunft.

Das Überleben der Menschheit braucht eine qualitative Gestaltung, ja sogar eine Begrenzung des wirtschaftlichen Wachstums und eine gerechte Verteilung der erwirtschafteten Güter, sowohl innerhalb der nationalen Gesellschaften als auch international. Das geht über den traditionellen Keynesianismus weit hinaus, der ohnehin in den letzten Jahrzehnten durch den inzwischen vorherrschenden Neoliberalismus ausgehebelt worden ist.

Wachsen darf künftig nur noch, was ökologisch und sozial verträglich ist, schrumpfen muss das, was Mensch und Natur schädigt.

Dies muss so geschehen, dass die Gesellschaften zusammengeführt und nicht gespalten werden. Und es muss eine Entwicklung sein, die auch international auf Zusammenarbeit angelegt ist statt auf Ab- oder Ausgrenzung. Diese Grundbedingungen sind die Voraussetzungen für Sicherheit und eine friedliche Zukunft der Welt, zu der eben nicht nur der Westen oder die NATO gehören, sondern alle Länder: Industriestaaten, Schwellenländer und Entwicklungsländer.

Die ökologischen Grenzen des Wachstumsmodells

Mit unterschiedlicher Intensität überschreiten nahezu alle Staaten die ökologischen Grenzen des Erdsystems, die für die Bewahrung eines humanen Zusammenlebens und des Friedens die entscheidende Grundlage sind. Die Herausforderung, zu einem stabilen Erdsystem zurückzukehren, ist gewaltig und richtet sich an alle. Nicht nur Sicherheit, Freiheit, Lebensqualität und Gerechtigkeit hängen an der strikten Einhaltung der Tragfähigkeit des Erdsystems, sondern letzlich das menschliche Leben selbst.

Der Weg der Zuwachsverteilung ist an sein Ende gekommen, der ökologische Fußabdruck der Menschheit ist bereits so tief, dass ein naturverträgliches Leben fast zwei Erden braucht. In vier von neun Dimensionen, die für das menschliche Leben auf unserem Planeten entscheidend sind, werden die Grenzen der Tragfähigkeit bereits überschritten. Der Welterschöpfungstag wurde 2022 am 28.07. erreicht, seitdem leben wir »auf Pump« der Naturbestände. Insofern muss die Staatengemeinschaft in den Umbau investieren, nicht in Aufrüstung, Wolkenkratzer oder Spekulationsblasen. Andernfalls wird die Erde schnell zu einer zerbrechenden Einheit, in der noch für lange Zeit die negativen Folgen der Klimakrise sozial und regional auf höchst ungleiche Weise verteilt sein werden.

Notwendig ist umso mehr ein »System gemeinsamer Sicherheit«, welches nicht nur Kriege und Gewalt verhindert, sondern auch die sozialen und ökologischen Gefahren bändigt. Das ist heute die Antwort auf das Versprechen des UN-Vertrages von 1945. Die Idee der Gemeinsamkeit ist der Weg in eine friedliche Zukunft, der im *Palme-Bericht* von 1982 vorgezeichnet und im *Palme-Bericht II* im Jahr 2022 weiter konkretisiert wurde. Viel Zeit zur Umsetzung bleibt nicht. Wer das illusorisch findet, sollte die Folgen eines »Weiter so«, gar eines Rückfalls in die Ost-West Konfrontation eingestehen!

Der Palme-Bericht II – Hoffnung auf eine friedliche Welt

»Gemeinsame Sicherheit« ist nicht lediglich eine Ergänzung der Doktrin der Abschreckung, sondern ihr Ersatz, also eine Ablösung vorherrschender Denkweisen. In der Einleitung des ersten Berichts schrieb Olof Palme angesichts des Schreckens eines denkbaren Atomkrieges: »Es ist folglich von allergrößter Bedeutung, dass an die Stelle der Doktrin von der gegenseitigen Abschreckung etwas anderes tritt. Unsere Alternative lautet: gemeinsame Sicherheit.«

Beide Seiten brauchen Sicherheit

Die leitende Idee der Kommission lautete, dass sich Nationen und ihre Bevölkerungen nur sicher fühlen können, wenn sich auch ihr Gegenüber sicher fühlt. In einer Zeit, in der die ökonomischen, politischen, gesellschaftlichen und militärischen Verflechtungen und Abhängigkeiten ständig zunehmen, in der Gefahren und Krisen grenzüberschreitend wirken (Wirtschaftskrise, soziale und ökonomische Krisen, Naturzerstörung), kann Sicherheit nicht länger nur militärisch und vor allem nicht länger einseitig erlangt werden. Bei Olof Palme hieß das: »Beide Seiten müssen Sicherheit erlangen, nicht vor dem Gegner, sondern gemeinsam mit ihm.«

Die Bedeutung des *Palme-Berichts* liegt in solchen Feststellungen, die davon geleitet sind, dass eine Alternative zur wechselseitigen Abschreckung nicht nur notwendig, sondern auch möglich ist. Am Bericht waren 19 prominente Politiker aus Ost und West, Nord und Süd beteiligt, die entweder hohe öffentliche Ämter bekleideten oder über große diplomatische Erfahrungen verfügten. Sie einigten sich einstimmig auf die Alternative der gemeinsamen Sicherheit zu Aufrüstung und Abschreckung. Ausgangspunkt waren die Erfahrungen der (insbesondere deutschen) Friedens- und Entspannungspolitik und später der Überwindung der europäischen Teilung.

Der zweite Bericht unter dem Titel »Gemeinsame Sicherheit 2022« wurde organisiert vom Internationalen Gewerkschaftsbund, dem Internationalen Friedensbüro und dem Internationalen Olof Palme Center in Stockholm.[5] Der Kommission gehörten 18 hochrangige Persönlichkeiten aus aller Welt an. Im Report wird nicht nur erneut die Notwendigkeit der Abrüstung und Entspannung beschrieben, sondern auch der Scheideweg, an dem die Welt heute steht, »der Wahl zwischen einer Existenz auf der Grundlage von Wettbewerb und Aggression oder einer Existenz, die auf einer transformativen Friedensagenda und gemeinsamer Sicherheit beruht« und die friedliche und keine militärischen Antworten verlangt.

Die Palme-Kommission hat vor 40 Jahren für diese Sichtweise die Voraussetzungen geschaffen, denn sie hat erstmals eine gemeinsam erstellte Realanalyse vorgelegt. Egon Bahr betonte im Vorwort der deutschen Ausgabe, dass die Verständigung auf eine Analyse der Situation, in der sich die Welt befindet, die wichtigste Voraussetzung für die gemeinsame Sicherheit sei.[6] Daran knüpft Palme II an:

> »Wir sind Zeugen einer globalen Krise, die durch die Unfähigkeit gekennzeichnet ist, den Klimawandel zu stoppen, ein lückenhaftes und ungleiches globales Vorgehen gegen die COVID-19 Pandemie die Welt zu organisieren und von einer langen Liste von Konflikten, bei denen die internationale Gemeinschaft versagt hat.«

Der Palme-Report von 1982 stand in einem engen programmatischen Zusammenhang mit den Berichten der Unabhängigen UN-Kommissionen aus den 1980er-Jahren: *Gemeinsames Überleben*[7], der *Nord-Süd-Bericht* unter der Leitung von Willy Brandt von 1980, und *Unsere Gemeinsame Zukunft*[8], der Bericht zu Umwelt und Entwicklung von 1987, für den Gro Harlem Brundtland verantwortlich war. In Letzterem wurde die Leitidee der Nachhaltigkeit als Maßstab politischer, wirtschaftlicher und gesellschaftlicher Entscheidungen propagiert.

Zwischen den drei Kommissionen gab es personelle Überschneidungen und ein gemeinsames Grundverständnis. Sie müssen als Einheit gesehen werden, als Versuch, zu einer Weltpolitik zu kommen und die UNO zu stärken. Ihr Ziel war eine neue politische Kultur. Die UN-Berichte wollten die ideologischen Kontroversen zwischen Ost und West, zwischen Nord und Süd überwinden, um zu einem koordinierten Handeln in den großen Zukunftsfragen zu kommen. Deshalb konnten sie in den 1980er-Jahren, wenn auch sehr unterschiedlich auf die jeweiligen Länder ausstrahlend, die politische Kultur der UNO prägen.

Den politischen Höhepunkt erreichten diese Vorstöße für eine Politik der globalen Verantwortungsethik 1992 auf dem Erdgipfel in Rio de Janeiro.[9] Aber was blieb außer dem Klimarahmenvertrag und unzähligen Aktivitäten vor Ort? Der Kapitalismus hatte sich weltweit durchgesetzt, warum also noch tiefgreifende Reformen? Nachhaltigkeit wurde inhaltlich entkernt und zu einem beliebigen Plastik-Wort. Diese Ignoranz holt uns heute schmerzhaft ein. Auch deshalb versucht der *Palme-Bericht II*, zu einer strikten Integration der Themen zu kommen. Sie gehören zusammen, werden aber meist unverbunden gesehen.

Gemeinsame Sicherheit 2022

In Zeiten atomarer und konventioneller Hochrüstung, der Klimakrise und zunehmender Knappheit von Ressourcen, in denen soziale Verteilungskämpfe härter werden und nicht klar ist, wie die Welt morgen aussehen wird, ist gemeinsame Sicherheit das Gebot der Vernunft. Mit dem Ukraine-Krieg fand ein katastrophischer Zusammenbruch von Friedenspolitik statt. Doch der Krieg kann auch als Beleg dafür verstanden werden, wie wichtig die Idee der gemeinsamen Sicherheit ist und welche schmerzhaften Folgen ihre Missachtung hat. Wir brauchen mehr denn je ein starkes und effizientes multilaterales System für Frieden und Abrüstung!

Palme II ist ein dramatischer Appell an die Weltgemeinschaft: »Wir müssen die internationale Ordnung in den Griff bekommen, um Kriege zu verhindern, die globale Erwärmung aufzuhalten, Pandemien zu bekämpfen und globale Herausforderungen zu bewältigen.« Notwendig wäre die baldige Einberufung einer UN-Sonderversammlung zu den Themen Abrüstung, Entspannung und Sicherheit, um eine globale Verpflichtung zur Senkung der Militärausgaben um zwei Prozent pro Jahr weltweit verbindlich festzulegen!

Die frei werdenden Mittel sind eine »globale Friedensdividende«, die zur »Finanzierung der UN-Ziele für eine nachhaltige Entwicklung, der UN-Friedenskonsolidierung und eines Übergangs zu klimafreundlichen Arbeitsplätzen« verwendet werden sollte. Zu Recht stellt die Kommission die Bedeutung der Konversion von militärischen Produkten in zivile Erzeugnisse und Dienstleistungen heraus.

Der *Palme-Bericht II* nennt für ein starkes und effizientes multilaterales System für Frieden und Sicherheit acht grundlegende Prinzipien, in deren Zentrum die Abrüstung, ein humanitäres Völkerrecht, die Unverletzlichkeit der Grenzen, das Verbot von Gewaltanwendung, die Abwendung der Klimakrise, eine nachhaltige

Entwicklung und eine integrative und demokratische Gesellschaft stehen. Diese Fragen gehen über den Ukraine-Krieg hinaus, aber sie sind nicht davon zu trennen. Im Bericht heißt es: »Das derzeitige Regime muss überarbeitet werden, um Kriege zu verhindern und die gemeinsamen Sicherheitsinteressen zu wahren.«

Es gibt eine Alternative zu Aufrüstung und Abschreckung, aber nur dann, wenn eine politische Kultur der gemeinsamen Sicherheit in Europa angenommen und weltweit zum Vorbild wird. Europa darf nicht auf die EU reduziert werden. Wir müssen über Putin hinausdenken und zu den Ideen der Charta von Paris zurückkehren. *Der Palme-Bericht II* schafft die Grundlagen für eine globale Architektur des Friedens. Nicht das Militär, sondern die Politik hat dafür die Vorgaben und die Strategien zu liefern!

Das ermutigt die Weltgemeinschaft, die bestehenden Militärbündnisse zu überprüfen und keine neuen zu gründen. Das kann dazu führen, Strukturen zu schaffen, die zwischen verfeindeten Staaten vermitteln und Vertrauen schaffen können. Das Vorbild für die regionalen Friedensbündnisse kann die OSZE sein, nach der Menschenrechte und Meinungsfreiheit wesentliche Grundlagen des Friedens sein sollten. Zwischen den USA, Russland und China muss es zu einem Dialog über die Reduzierung und letztendlich die Beseitigung der strategischen Massenvernichtungswaffen kommen.

Europa muss auf die Einrichtung regelmäßiger UN-Friedenskonferenzen drängen, nach dem Vorbild der jährlich stattfindenden UN-Klimakonferenzen, um zumindest alle drei Jahre über den Stand von Rüstungskontrolle und Abrüstung zu reden, den Friedensdialog zu fördern und Raum für zwischenstaatliche Vereinbarungen zu schaffen. Dabei sollte die Zivilgesellschaft umfangreich beteiligt werden und es wäre ein 50-Prozent-Ziel für die Beteiligung von Frauen an den Beratungen festzulegen.

Nötig ist die Wiederingangsetzung und Erweiterung der Abrüstungs- und Rüstungskontrollverträge, insbesondere in Bezug auf

Atomwaffen und ihre Trägersysteme, wozu als erster Schritt ein Moratorium für die Stationierung landgestützter INF-Systeme in Europa zählen sollte. Alle Staaten sind aufzufordern, den Vertrag über das Verbot von Atomwaffen zu unterzeichnen. Die Atomwaffen müssen reduziert und die Entwicklung neuer Atomwaffen und die Modernisierung der Atomwaffenarsenale muss eingestellt werden. Ferner: Wiedereinführung und Weiterführung der vertrauensbildenden Maßnahmen wie beispielsweise des Open-Sky-Vertrages. Atomwaffenfreie Zonen sollten in Europa, im Nahen Osten und in Nordostasien eingerichtet werden.

Hinzu käme eine Vielzahl von Maßnahmen, die vom Verbot von Cyberwaffen über die Entflechtung der Kommando- und Kontrollsysteme für den Einsatz konventioneller und nuklearer Waffensysteme, das Verbot autonomer Waffensysteme und das Verbot von Angriffen auf weltraumgestützte Überwachungs- und Frühwarnsysteme bis zur Begrenzung und zum Verbot von Hyperschallraketen reichen.

Die internationale Staatengemeinschaft muss sich auf die großen globalen Herausforderungen wie die Klimakrise konzentrieren, statt durch immer mehr Aufrüstung die Militarisierung der Welt voranzutreiben. Die doppelte Selbstvernichtung der Menschheit wird sonst von der denkbaren zur realen Gefahr. Europa ist besonders gefordert, weil es die technischen Möglichkeiten für eine Umsteuerung und zugleich mit der EU und der OSZE ausbaufähige Institutionen zur Gestaltung besitzt.

Meinungen

Ulrich Brand

Gegen einen neuen Kalten Krieg – globale Friedenspolitik »von unten«

Ernsthafter Klimaschutz geht nur global. Das ist eine der sehr richtigen These dieses Buches. Doch schon innenpolitisch gibt es genung Bremser, die sich gegen einfache, symbolisch aber sehr wichtige Maßnahmen stellen, wie ein Tempolimit auf deutschen Autobahnen oder gegen ein Aus von Neuzulassungen von Autos mit Verbrennungsmotor bis 2035.

Insbesondere der aktuelle Angriffskrieg gegen die Ukraine wird den notwendig ambitionierten Klimaschutz auf Jahre hinweg lähmen. Die fossile und atomare Industrie hat nun Rückenwind, präsentiert sich als Retterin in der Not, wenn unsere Wirtschaften von russischen Öl- und Gasimporten unabhängiger werden sollen. Und insbesondere Menschen in den Ländern des globalen Südens werden von höheren Energiepreisen und knapper werdenden, somit teureren Nahrungsmitteln betroffen sein.

Dies alles findet in einem politisch gefährlichen Kontext statt, in dem die mächtigen Akteure der internationalen Politik weniger auf Ausgleich abzielen, sondern auf einseitige Interessendurchsetzung. Das wird besonders deutlich am Vorgehen der russischen Regierung; aber auch große Teile der US-amerikanischen Eliten arbeiten darauf hin, dass die Welt im Rahmen eines neuen Kalten Krieges interpretiert wird.

Das betrifft vor allem die Haltung gegenüber China. Jahrelang war das Land als »Werkbank der Welt« willkommen in der Weltwirtschaftsordnung. Billige Waren, die zu sozial und ökologisch unmöglichen Bedingungen hergestellt wurden. Man sprach vom Modell »Wall-Mart« – billige Ramschgüter überfluteten die westlichen Märkte. Und auch die Arbeitsbedingungen in den Supermärkten von Wall-Mart selbst sind legendär katastrophal.

Gemeinsam mit Markus Wissen habe ich den Begriff der »imperialen Lebensweise« geprägt: Ein Alltag von Menschen in den Ländern des globalen Nordens, der auf der Ausbeutung von Menschen und Natur basiert. Dabei greifen Menschen mit höherem Einkommen tendenziell stärker auf Ressourcen und Arbeitskraft zurück.

Doch die Situation hat sich verändert. China ist nicht länger die Werkbank, sondern selbst Produzent von Hightech-Gütern. Und die Regierung ist weltpolitisch ambitioniert. Das führt dazu, dass sich die westlichen Länder unter Führung der USA nicht mehr alleine um die Länder des globalen Südens »kümmern«. Nein, diese haben nun Wahlmöglichkeiten, mit wem sie Bündnisse eingehen. Ökologisch und sozial ist das nicht unbedingt zu begrüßen, denn die massiven internationalen Investitionen in Infrastrukturen und anderes sind oft sowohl umwelt- als auch menschenschädlich und werden eher von den Eliten der Länder begrüßt. Und politisch ist China ein autoritäres Land. Aber diese Dynamiken sind da.

Der Westen antwortet auf die neue Konstellation aggressiv. China wird insbesondere von den USA zum neuen Feindbild stilisiert. Die EU steht zwischen den Fronten, weil China ein wichtiger Wirtschaftspartner ist, die USA aber durch den Krieg ihre Bündnispartner deutlicher auf die Seite ziehen.

Dagegen wären Initiativen einer neuen, inklusiven Weltordnung zu setzen, die zuvorderst die Interessen der anderen Länder anerkennt. Damit soll nicht der Angriffskrieg gerechtfertigt werden und ich bin selbst zerrissen in der Frage, was nun die angemessene Antwort ist. Eines ist jedoch sicher: Es bedarf dringend der politischen Foren, um Interessendifferenzen und Konflikte zu besprechen, zu verhandeln und zu tragfähigen Lösungen für alle Seiten zu kommen. Die UNO ist dafür ein wichtiges Gremium, das Völkerrecht ein zentraler Mechanismus.

Aus meiner Sicht müssen wir gerade heute auch an eine andere Erfahrung anschließen, die seit dem 19. Jahrhundert eine Grundbedingung für ein friedliches Zusammenleben ist. Es handelt sich um die transnationalen sozialen Bewegungen, welche die Missstände anzeigen und vielfältige Vorschläge machen. Dabei setzen sie auf Verständigung und Ausgleich – und bilden eine Art globaler Zivilgesellschaft.

Seit dem 19. Jahrhundert vernetzten sich in Fragen der Arbeits-, Umwelt- und Geschlechterpolitik soziale Bewegungen, schufen Öffentlichkeit, setzten Regierungen unter Druck, machten Vorschläge und bemühten sich um Einfluss auf nationale wie internationale Politikprozesse. Friedenspolitisch bedeutend war etwa die Gründung des Internationalen Roten Kreuzes, die auf die Initiative des Kaufmanns Henry Dunant zurückging, der von der Schlacht bei Solferino im österreichisch-französischen Krieg 1859 schockiert war. Neben privaten und politischen Organisationen nahmen 16 Regierungen an der Gründungskonferenz des Roten Kreuzes 1863 in Genf teil. Sie vereinbarten die Gründung privater Gesellschaften in ihren Ländern und die Einrichtung des Internationalen Komitees des Roten Kreuzes. Symbol wurde die farblich umgekehrte Schweizer Flagge. Ähnliche Bemühungen führten auch zu den Genfer Konventionen über Kriegsführung und den Umgang mit verwundeten Soldaten und Gefangenen sowie zum Schutz der Zivilbevölkerung in Kriegen.

Damit wurde Weltgeschichte gemacht. Auch die jüngeren sozialen Bewegungen für eine andere Globalisierung, etwa organisiert im Weltsozialforum, gaben wichtige Anstöße für eine friedliche und gerechte Welt.

Eine entscheidende Bedingung für eine Weltinnenpolitik, die Frieden, Gerechtigkeit und Ausgleich schafft, sind also auch die vielfältigen progressiven sozialen Bewegungen. Deren Anliegen müssen in breiten Öffentlichkeiten diskutiert und von den Entscheidungsträger:innen gehört und berücksichtigt werden. Denn in den transnationalen Öffentlichkeiten und Kämpfen von unten liegen viele politische Potenziale, die häufig unterschätzt werden.

Dr. Ulrich Brand ist Professor für Internationale Politik an der Universität Wien und war sachverständiges Mitglied der Enquete-Kommission »Wachstum, Wohlstand, Lebensqualität« des Deutschen Bundestages.

Andrea Ypsilanti

Kein Kniefall vor den neuen Bellizist:innen

Als der sozialdemokratische Bundeskanzler Willy Brandt am 07.12.1970 vor dem Ehrenmal des jüdischen Ghettos in Warschau niederkniete und somit die deutsche Schuld der nationalsozialistischen Gewaltherrschaft auch symbolisch anerkannte, waren die Türen für die Entspannungspolitik aufgestoßen. Der Wandel durch Annäherung wurde möglich. Voraussetzung war dabei, dass man die Interessen und Befindlichkeiten der »Anderen« – in der Ostpolitik, die der Sowjetunion und des Warschauer Paktes – anerkannte. Das heutige Europa, das wiedervereinte Deutschland, die seit 1989/90 entstandenen Demokratien im Osten wären ohne die in der Bundesrepublik hart umkämpfte Entspannungspolitik nicht existent.

Insbesondere die Anerkennung der Oder-Neiße-Grenze, ohne die kein wirklicher Entspannungsprozess möglich gewesen wäre, war dabei hart umstritten. Willy Brandt und Herbert Wehner wurden von Konservativen und Reaktionären, kalten Kriegern und Altnazis für diese Schritte wahlweise als »Vaterlandsverräter« oder »Fünfte Kolonne Moskaus« denunziert. Aber vergessen wir nicht, dass damals Tausende in die SPD eingetreten sind, gerade wegen der Politik Brandts und Egon Bahrs.

Heute erinnern manche demagogischen Vorwürfe und Begriffe wie »Lumpen«, »Pazifisten«, »Putin-Versteher« an diese Zeit. Die auch medial verstärkten Verunglimpfungen erinnern daran, wie schnell faktische Analysen, Differenzierungen, Vernunft und Diplomatie im Rausch von Aufrüstung und Militarisierung bei nicht Wenigen unter die Räder kommen. Erneut scheint die Alternative »Sieg oder Niederlage«, die einzig denkbare Option zu sein.

Der Angriffskrieg Putins gegen die Ukraine ist tatsächlich und ohne Einschränkung ein Zivilisationsbruch und ohne Wenn und Aber zu verurteilen. Zugleich ist es nicht der erste Krieg in Europa nach dem Zusammenbruch des Sowjetkommunismus. Erinnert sei an das (völkerrechtswidrige) Eingreifen der USA und der NATO in Jugoslawien. Vergessen werden aktuell – wohl aus Opportunität gegenüber Erdogan – die türkischen Angriffe gegen die kurdischen Gebiete. Ganz zu schweigen von den Kriegen im Jemen, in Afghanistan, im Irak, in Syrien und Libyen.

Fast verzweifelt kann man festhalten, dass die Frage von wem, wann und warum Putin und seine Politik falsch eingeschätzt wurden, wichtiger als Fakten sind. Die Schuldigen sind aber offensichtlich schnell gefunden: die Friedensbewegung, die Pazifisten, die Antimilitaristen und natürlich die SPD. Sogar Entschuldigungen werden verlangt und manch ein Sozialdemokrat neigt auch dazu. Für was eigentlich? Dafür, dass Kohl, Schröder, Merkel versucht haben, Russland einzubinden? Was wäre das für ein Aufschrei geworden, wenn man das Gas aus Russland nicht importiert, aber stattdessen Fracking-Gas in den USA gekauft hätte, Atomkraftwerke wieder angeschaltet und weiter Kohle gefördert hätte? Oder sich vor den Emiraten verneigt hätte (wie jetzt Habeck) für einen Tropfen Öl?

Als ob es keine anderen Fragen gäbe. Die Wichtigste ist doch die, nach diplomatischen Wegen und Lösungen zu suchen, um diesen Krieg zu beenden. Aber wenn die Frage nach Sieg oder Untergang und der Ruf nach Hochrüstung und Militarisierung die zentralen Probleme in der politischen Führung und der veröffentlichten Meinung sind, geht die Frage nach diplomatischen Lösungen unter. Und es gibt mehr zu besprechen: Zum Beispiel, dass mehr als zehn Millionen Menschen aus der Ukraine auf der Flucht sind. Oder dass in den Entwicklungsländern noch mehr Menschen als heute schon an Hunger leiden werden. Der ökologische Umbau auch in Osteuropa durch Zerstörung und Gewalt um Jahrzehnte zurückgeworfen wird. Dieser Krieg hat sich in seinen Auswirkungen schon globalisiert, die dramatischen Folgen wie steigende Energiepreise, Lebensmittel, Mieten und mehr werden wir im Herbst schmerzvoll zu spüren bekommen.

Außenpolitik, auch feministische, müsste mehr sein als die Frage nach Waffen. Sie müsste nach Räumen und Korridoren und Verbündeten suchen, in und mit denen eine Verhandlung, Waffenstillstand und Friedenslösungen möglich werden.

Das alles ändert nichts daran, dass Putin ein Despot ist, der zynisch Menschenleben kalkuliert und unbarmherzig vernichtet. Aber unser Blick muss sich deshalb nicht verengen. Auch die Sowjetunion sowie afrikanische, südamerikanische oder orientalische Staaten hatten und haben Diktatoren. Auch mit diesen wird verhandelt. Auch heute.

Die Entspannungspolitiker brauchen sich nicht zu entschuldigen. Die Bürde eines Geschichtsrevisionismus wird der SPD noch schwer schaden. Statt sich nach »80 Jahren Zurückhaltung« (was für eine bemerkenswert uneinsichtige Aussage von Lars Klingbeil!) wieder als Führungsmacht in die politische Arena einzubringen, wäre (Rück-)Besinnung angebracht. Brandt, Wehner und Bahr kannten die Schrecken des Krieges. Genau deshalb haben sie immer beides gewollt: Sicherheit und Diplomatie. Auch Sicherheitsbündnisse gibt es nicht ohne Schwächen. Aber was gerade jetzt fehlt, sind Brandt, Palme und Kreißler. Für Europa und den Frieden. Aber auch für die SPD: Millionen von Menschen traten einst in die Partei Willy Brandts ein. Wegen der Friedenspolitik!

Andrea Ypsilanti war von 2003 bis 2009 Vorsitzende der SPD in Hessen und von 2007 bis 2009 auch Vorsitzende ihrer Fraktion im Landtag.

Jörg Sommer

Die Globalität von Krieg und Krisen

Das 20. Jahrhundert war geprägt von Kriegen zwischen den Menschen. Zwei Welt- und Hunderte Regionalkriege brachten unvorstellbares Leid über große Teile der Menschheit. Die Zahl der gewaltsam Getöteten und an Kriegsfolgen Gestorbenen war größer als die gesamte lebende Weltbevölkerung zur Zeit der Kreuzzüge.

Am Beginn des neuen Jahrhunderts befinden wir uns mitten in einer mit hohem Tempo mobilisierten, globalisierten und digitalisierten Welt. Ob auch dieses Jahrhundert erneut von Kriegen dominiert sein wird, ist weniger auszuschließen, als man noch vor drei Jahrzehnten gedacht hätte. Ein globaler Siegeszug von Vernunft und Friedfertigkeit ist bislang nicht zu erkennen. Dafür beobachten wir etwas anderes: Die sich entfaltende Klimakrise übertrifft regelmäßig Szenarien, die wir uns gerade noch ausmalen konnten. Wir erleben extreme Trockenheit, Wasserknappheit, brutale Stürme, Waldbrände und Überschwemmungen. Die Gletscher schmelzen, das arktische Eis wird dünn. Begleitet werden die klimawandelgetriebenen und witterungsbedingten Katastrophen von einer beispiellosen Veränderung der globalen Ökosysteme.

Wir übernutzen, manipulieren, zerschneiden, verbrennen, verkleinern, überbauen, verlärmen und verschmutzen auch noch die letzten Reste intakter Natur. Große Seen trocknen aus, der Meeresspiegel steigt. Jahrtausendealte Böden werden in wenigen Jahren verdichtet, ihrer Nährstoffe und Lebewesen beraubt, ausgetrocknet und erodiert. Ökosysteme verlieren ihre Biomasse, ihren biologischen Informationsgehalt und ihre Netzwerke. Wir verzeichnen einen dramatischen Rückgang der biologischen Vielfalt.

Neuartige Seuchen und Pandemien halten uns in Atem, die mutmaßlich auch deshalb die Menschen befallen, da die natürliche ökologische Regulation in Ökosystemen wegbricht, wir in die letzten Winkel der Erde vorstoßen und auf Organismen treffen, mit denen wir bislang nicht in Kontakt waren. Dies sind eindringliche Anzeichen dafür, dass wir möglicherweise vor ganz neuen Herausforderungen und Konflikten stehen.

UNO-Generalsekretär António Guterres beschrieb dies im Jahr 2020 ebenso prägnant wie zutreffend: »Humanity is waging war on nature. This is suicidal.« Die Menschheit führt einen selbstmörderischen Krieg gegen die Natur. Dabei hasten wir blind vorwärts in immer mehr Technik und immer schnellere Ökonomie, bei vollständiger Leugnung der Grenzen des Wachstums und unserer Abhängigkeit von der Natur. In der Folge destabilisieren wir nicht nur die Natur – sondern auch unsere Gesellschaften im inneren ebenso wie im Verhältnis zueinander.

Klimakrise, Biodiversitätskrise, Wasserkrise, Flüchtlingskrisen, Hungerkrisen, Wirtschaftskrisen, Corona-Krise, die Krise der Demokratie: Krisen prägen unseren Alltag inzwischen mehr als der Normalzustand, von dem heute keiner mehr weiß, wie er eigentlich aussieht. Krise und Unsicherheit werden zum Dauerzustand unserer Gesellschaft. Nicht nur die Zahl der Krisen wächst, auch die Systeme, in denen sie zu beobachten sind, werden vielfältiger: Natur, Gesundheit, Mobilität, Staaten, Regierungen, Ressourcen. Manche Krisen sind akut, viele chronisch. Längst kann die globale öffentliche Aufmerksamkeit nicht mehr angemessen und regelmäßig auf alle relevanten Krisen gelenkt werden. Und doch befinden sich viele Handlungsfelder in permanentem Krisenmanagement.

Neu ist auch die Interaktion dieser Krisen. Sind Krisen erst einmal groß genug, stoßen sie aneinander. Sie verstärken sich gegenseitig, vermeintlich schnelle und schlichte Lösungen für die eine Krise verschärfen eine andere. Wir erleben es gerade in der Energiefrage: Der Krieg in der Ukraine und die damit verbundenen Sanktionen gegen Russland schaffen eine Energiekrise – die uns wiederum verleitet, einen Rückfall in fossile Zeiten zu forcieren. Das aber feuert die Klimakrise weiter an.

So werden unsere Probleme komplexer und damit sowohl unberechenbarer als auch unlösbarer. Viele lassen sich nicht mehr behandeln, solange man sie in den isolierten Fokus nimmt. Dabei beobachten wir ein bislang unterbewertetes Phänomen: Je stärker und unausweichlicher die ökologischen Folgen unserer gesellschaftlichen Fehlentwicklungen spürbar werden, desto mehr Menschen verlieren ihr Zuhause. Globale Migration prägt die Gegenwart, und zum großen Teil ist sie nicht ziel-, sondern fluchtgeprägt.

Die negativen Rückkopplungen der von uns ausgelösten Umweltkrise schlagen längst auf uns Menschen zurück – nicht auf alle, sondern auf die Schwächsten und Ärmsten. Ungleichheit und Ungerechtigkeit verschärfen sich nicht nur in Bezug auf den Zugang zu Ressourcen und Wohlstand, sondern eben auch in Hinsicht auf die Verwundbarkeit im Umweltwandel.

Wir werden keine der globalen Krisen mehr isoliert lösen können. Und so, wie es keine technischen Lösungen für die Klimakriese gibt, so gibt es auch keine militärischen Lösungen für internationale Konflikte.

Frieden zwischen den Menschen werden wir erst dauerhaft schaffen können, wenn wir den Krieg gegen die Natur beenden.

Jörg Sommer ist Vorsitzender der Deutschen Umweltstiftung.

Olaf Zimmermann

Trotz alledem: Frieden in der Welt ist möglich

»Lebt nicht wie wir. Lebt ohne Furcht.« Mit diesen Sätzen endet das berühmte Gedicht *Postkarte an junge Menschen* von Walter Bauer. Mich hat dieser Text in meiner Jugend elektrisiert. Er war für mich mitentscheidend, den Dienst an der Waffe zu verweigern und stattdessen Zivildienst zu leisten. Die 1980er-Jahre haben mich politisch sozialisiert. »Frieden schaffen ohne Waffen« war das Motto.

Und jetzt wütet wieder der Krieg in Europa. Brutal, unmenschlich, dumm, wie alle Kriege eben. Aber dieser Angriff Russlands auf die Ukraine ist auch eine Zeitenwende. Viele Fragen stellen sich. Waren wir naiv zu glauben, man könnte Frieden ohne Waffen erreichen? Waren wir naiv, als wir glaubten, dass durch Annäherung, durch Gespräche, durch Kontakte, durch Freundschaften ein Wandel zum Besseren erreicht werden kann?

Am 27.02.2022, an einem Sonntag, gab Bundeskanzler Olaf Scholz bei einer Sondersitzung des Bundestages bekannt, dass als eine Reaktion auf den Krieg in der Ukraine ein Sondervermögen Bundeswehr von 100 Milliarden Euro eingerichtet wird und mehr als zwei Prozent des Bruttoinlandsprodukts in unsere Verteidigung investiert werden. Das amtliche Protokoll des Deutschen Bundestages verzeichnet penibel die Reaktion der Abgeordneten: »Anhaltender Beifall bei der SPD und der FDP sowie bei Abgeordneten der CDU/CSU – Beifall bei Abgeordneten des BÜNDNISSES 90/DIE GRÜNEN und der AfD – Abgeordnete der SPD, der CDU/CSU und der FDP erheben sich.« Standing Ovations? Mich hat das sprachlos gemacht.

Das Leid der Menschen in der Ukraine ist unermesslich, die Brutalität der Angreifer monströs. Wie können wir diesem Wahnsinn Einhalt gebieten? Die Aufrüstung der Bundeswehr wird dazu wohl nicht beitragen können, denn sie wird erst in Jahren abgeschlossen sein. Möglicherweise wird die NATO doch noch in den Krieg direkt eingreifen, mit unabsehbaren Folgen. Vielleicht werden unsere Sanktionen doch Wirkung zeigen, aber sicher ist, wir werden irgendwann wieder miteinander reden müssen. Der Kulturbereich, die engen Beziehungen von Künstler:innen und Kulturverantwortlichen aller künstlerischen Bereiche in die Ukraine, aber auch nach Russland sind eine Chance. Wir dürfen diese Beziehungen jetzt nicht abreißen lassen.

Kunst und Kultur können Brückenbauer sein. Sie bieten spezifische Formen der Begegnung und des Austauschs. Diese können abseits des politischen Tagesgeschäfts erfolgen, finden aber niemals jenseits der Politik statt. Auch wenn es derzeit schwierig ist und die Solidarität zuerst den Menschen in der Ukraine gilt, dürfen die Brücken zu Russland nicht eingerissen werden. Aktuell sind die allermeisten Kontakte zu staatlichen Kultureinrichtungen in Russland vorerst auf Eis gelegt. Kontakte zu Kunstschaffenden bestehen teilweise noch, wenn auch unter schwierigen Bedingungen. Mittelfristig müssen Perspektiven entwickelt werden, um wieder in eine Phase des kulturellen Tauwetters einzutreten und die bestehenden Kontakte vor allem zu zivilgesellschaftlichen Akteuren wiederzubeleben und zu pflegen. Dies gilt insbesondere mit Blick auf die Stärkung des demokratischen Potenzials von Kunst- und Kulturschaffenden sowie Organisationen der Zivilgesellschaft.

Mit Blick auf die Ukraine muss im Rückblick allerdings selbstkritisch festgestellt werden, dass trotz aller Begegnungen und des bestehenden Austauschs in Deutschland das Interesse und Verständnis für die spezifische Situation in den Ländern Osteuropas unzureichend war. Der Blick wurde stärker nach Russland als auf die osteuropäischen Nachbarstaaten gerichtet. Osteuropäische Länder wie die Ukraine wurden vor allem als postsowjetische und weniger als europäische Staaten mit auch anderen historischen Bezügen und einer eigenständigen Kunst und Kultur gesehen.

Um das Verständnis für die osteuropäischen Staaten zu fördern und damit die Basis für partnerschaftliche Zusammenarbeit zu verbessern, ist es erforderlich, dass die Erkenntnisse und Kompetenzen der Osteuropawissenschaften breiter wahrgenommen und rezipiert werden, ebenso dass die Osteuropawissenschaften an den Universitäten gestärkt werden, dies gilt auch mit Blick auf Forschung und Lehre der osteuropäischen Sprachen, und vor allem, dass osteuropäische Kunst und Kultur in ihrer Vielschichtigkeit und ihrem Beitrag zur europäischen Moderne vermehrt präsentiert und Literatur aus diesen Ländern übersetzt werden.

Die Solidarität und das Engagement gelten in diesen Tagen und Monaten zuerst und besonders den Menschen in der Ukraine und den Geflüchteten, deren Perspektiven und Geschichten gehört und wahrgenommen werden müssen. Diese Solidarität mit der Ukraine auf dem kulturellen Sektor muss mit langem Atem aufgebaut und weiterentwickelt sowie Kräfte für den kulturellen Wiederaufbau in der Ukraine gesammelt werden.

Ja, ich will auch weiterhin meinen Glauben an das Gute im Menschen behalten. Frieden in der Welt ist möglich, eine Welt ohne Waffen ist möglich, eine Welt ohne Furcht ist möglich. Trotz alledem.

Olaf Zimmermann ist Geschäftsführer des Deutschen Kulturrates, zudem Herausgeber und Chefredakteur der Zeitung Politik & Kultur.

Anmerkungen

Einleitung

1 Kissinger, Henry (2014): »How the Ukraine Crisis Ends." In: *Washington Post* vom 06.03.2014.
2 Ebd.
3 OSZE (1990): *Charta von Paris für ein neues Europa.*
4 Hobsbawm, Eric J. (1995): *Das Zeitalter der Extreme.* München.
5 Potsdam-Institut für Klimafolgenabschätzung (2017): *Kippelemente – Achillesfersen im Erdsystem.* Potsdam.
6 UNCTAD (verschiedene Jahrgänge): *Human Development Report.* New York.
7 Bartosch, Ulrich, Gansczyk, Klaudius (Hrsg.) (2007): *Weltinnenpolitik für das 21. Jahrhundert.* Berlin.
8 Palme-Report (1982): *Our Common Security.* New York.

I. Krieg in der Ukraine – Aufriss und Einordung

1 Steinmeier, Frank-Walter(2022): »Ich habe mich geirrt.« In: *Frankfurter Allgemeine Zeitung* vom 04.04.2022.
2 LeCarré, John (1990): *Der heimliche Gefährte.* Berlin.
3 Bartosch, Ulrich; Wagner, Jochen (2008): *Weltinnenpolitik: Handeln auf Wegen in der Gefahr.* Münster.
4 OSZE (1990): *Charta von Paris für ein neues Europa.*
5 UNO (1982): *Common Security.* New York.
6 Putin, Wladimir (2007): Rede auf der Münchner Sicherheitskonferenz am 14.02.2007.
7 Vad, Erich (2022): Interview mit Stern.de am 13.07.2022.
8 Rüesch, Andreas (2022): »Krise um die Ukraine.« In: *NZZ* vom 01.02.2022.

9 Strategie der nationalen Sicherheit der Russischen Föderation vom 02.07.2021.
10 Russlands Politik zur nuklearen Abschreckung am Beginn der 2020er Jahre (Juni 2020). Dresden.
11 ZDF-Info vom 10.02.2022.
12 Fischer, Sabine (2019): *Der Donbass-Konflikt*. SWP-Studie 2019/S 03. Berlin.
13 Tooze, Adam (2022): »Diesen Krieg verstehen.« In: *Süddeutsche Zeitung* vom 11.03.2022.
14 Vorgelegt vom schwedischen Friedensforschungsinstitut SIPRI. Stockholm 2021
15 Newsweek (2022): »Joe Biden is Calling für Regime Change in Russia.« (28.03.2022).
16 Adorno, Theodor W. (1951): *Minima Moralia. Reflexionen aus dem beschädigten Leben*. Frankfurt.
17 Kluge, Alexander (2022): »Lasst sie singen.« In: *Süddeutsche Zeitung* vom 13.04.2022.
18 Schmidt, Helmut (2014): *Sicherheitskonferenz*. München.
19 Davies, Mike (2011): *Planet der Slums*. Berlin, Hamburg.
20 Kristensen, Hans M. (2021): *SIPRI-Bericht zur atomaren Bedrohung*. Stockholm.
21 Bahr, Egon; Lutz, Dieter S. (1986): *Gemeinsame Sicherheit. Idee und Konzept*. Baden-Baden
22 Vad, Erich: »Ex-Merkel-Berater warnt bei Waffenlieferungen vor Drittem Weltkrieg.« In: *Nordkurier* vom 12.04.2022.
23 *New York Times* (2022): Leitartikel Editorial Boards zum Ukraine-Krieg am 22.05.2021.
24 Heuvel, Katrina vanden (2022): »Wie man einen neuen Krieg vermeiden kann und was Amerika wirklich braucht.« In: *Washington Post* vom 15.03.2022.
25 Brandt, Willy (1971): *Friedenspolitik in unserer Zeit*. Oslo.
26 Papst Franziskus (2022): *Osterbotschaft Urbi et Orbi*. Rom.
27 Apostolischer Stuhl (2015): *Enzyklika Laudato Si`. Über die Sorge für das Gemeinsame Haus*. Rom.
28 Hirsch, Michael (2019): *Richtig falsch: Es gibt kein richtiges Leben im Falschen*. Hamburg.
29 Sennet, Richard (2005): *Der flexible Mensch: Die Kultur des neuen Kapitalismus*. Berlin.
30 Weisflog, Christian; Mijnssen, Ivo (2022): »Chronologie der Maidan Revolution.« In: *NZZ* vom 22.04.2022.
31 Restle, Georg (2015): Kommentar in der Tagesschau vom 20.01.2015.
32 UNO (2015): *Resolution 2202*. New York.
33 Hassel, Florian (2021): »Korrupt wie eh und je.« In: *Süddeutsche Zeitung* vom 25.02.2021.
34 Münkler, Herfried (2022): »Die Wiederkehr der Einflusszonen.« In: *Die Zeit* vom 10.02.2022.

35 Moreno, Juan (2022): »Moskaus Zorn und Putins Punkt.« In: *Der Siegel* vom 22.02.2022.
36 Timmermann, Heinz (2003): »Russlands Außen- und Sicherheitspolitik.« In: *Aus Politik und Zeitgeschichte.*
37 Memorandum on Security Assurances in Connection with Ukraine's Association to the treaty on the Non-Proliferaton of Nuclear Weapons. Kiew.
38 Zitiert nach Forschungsgruppe Russland der Stiftung Wissenschaft und Politik. Studie vom 01.03.2002. Berlin.
39 Deutscher Bundestag (2001): *Wortprotokoll der Rede Wladimir Putins.* Berlin.
40 http://www.ag-friedensforschung.de/themen/sicherheitskonferenz/2007, abgerufen am 05.08.2022.
41 https://www.nytimes.com/1997/02/05/opinion/a-fateful-error.html, abgerufen am 05.08.2022.
42 Izborsk-club.ru/22390, abgerufen am 05.08.2022.
43 Putin, Vladimir (2021): »Über die historische Einheit von Russen und der Ukraine.« In: *Osteuropa* 7/2021.
44 Hobsbawm, Eric (1995): s. o.
45 UNO (verschiedene Jahrgänge): *Human Development Report.* New York
46 UNO (2022): *Resolution A/RES/ES-11/1.* New York.
47 Gabriel, Sigmar (2018): »Die chinesische Herausforderung.« In: *Handelsblatt* vom 17.09.2018.

II. Ein Plan für den Frieden: Die Selbstbehauptung Europas

1 *Der Spiegel* vom 08.04.2022.
2 Verheugen, Günter (2022): »Vermisse die Vorschläge zur Deeskalation.« In: *Frankenpost* vom 07.03.2022.
3 Sachs, Jeffrey; Prodi, Romano (2022): »»Die Trommelschläge des Kriegs müssen Worten des Friedens weichen.« In: Telepolis. Online unter: https://www.heise.de/tp/features/Die-Trommelschlaege-des-Kriegs-muessen-Worten-des-Friedens-weichen-7155688.html?seite=all, abgerufen am 05.08.2022.
4 UNO (2022): *Global Crisis Response Group an Food, Energy an Finance.* New York.
5 Rhodes, Ben (2022): *After the Fall. The World as it is.* New York.
6 Aus: *Amerika 21* (2022), Nachrichten und Analysen aus Lateinamerika. Berlin.
7 Siehe hierzu den Blog von Hajo Funke zur Ukraine in Politik&Zeitgeschehen.
8 Feiner, Sabine (2000): *Weltordnung durch US-Leadership? Die Konzeption Zbigniew Brzezinskis.* Wiesbaden.
9 Brzezinski, Zbigniew (1997): *The Grand Chessboard.* Frankfurt.

10 Borell, Joseph (2022): »Wir kämpfen nicht gegen Russland, wir verteidigen die Ukraine.« In: *Euronews* vom 09.05.2022.
11 »Biden droht mit Aus für Nord Stream 2.« In: Tagesschau vom 07.02.2022.
12 Zum Beispiel von der Vorsitzenden des Verteidigungsausschusses Marie-Agnes Strack-Zimmermann, dem früheren Fraktionssprecher der Grünen-Bundestagsfraktion Anton Hofreiter oder der Bundestagsvizepräsidentin Katrin Göring-Eckardt.
13 Talkshow mit Markus Lanz vom 01.06.2022.
14 Habermas, Jürgen (2022). »Krieg und Empörung.« In: *Süddeutsche Zeitung* vom 29.04.2022.
15 Deutsche Bundesregierung (1987): *Bulletin 118-87* von 10.11.1987. Bonn.
16 Genscher, Hans-Dietrich (2000): Rede anlässlich 25 Jahre Schlussakte von Helsinki am 19.07.2000. Wien.
17 Brock, Lothar (2019): *Die kooperative Weltordnung verfällt.* Berlin.
18 SWP-Aktuell (2022): *Der Aufstieg Chinas und das neue strategische Konzept der NATO.* Berlin.
19 Bundesministerium für Verteidigung (2022): *NATO 2030.* Berlin.
20 Chomsky, Noam (2022): »Der ›historische‹ NATO-Gipfel hat den US-Militarismus gestützt.« In: *Truthout* vom 06.07.2022.
21 Gerson, Josef (2022): *No to war.* Berlin.

III. Die Welt am Rande des Friedens

1 Lenz, Siegfried (1988): *Am Rande des Friedens.* Frankfurt.
2 WCED (1987): *Our Common Future.* New York.
3 Jonas, Hans (1979): *Das Prinzip Verantwortung.* Frankfurt.
4 Apostolischer Stuhl (2015): *Enzyklika Laudato Si`. Über die Sorge für das Gemeinsame Haus.* Rom.
5 Brundtland, Gro Harlem (1988): Rede auf der UN-Klimakonferenz am 30.08.1988. Toronto.
6 Schrader, Christopher (2010): »Eine Kurve verändert die Welt.« In: *Süddeutsche Zeitung* vom 17.05.2010.
7 Council of environmental Quality und US-Außenministerium (1980): *Global 2000. Bericht an den Präsidenten.* Frankfurt.
8 Bundesministerium für Umwelt (1992): *Beschlüsse des Erdgipfels von Rio de Janeiro.* Bonn
9 Deutscher Bundestag, Enquete-Kommission »Schutz der Erdatmosphäre« (1990): *Schutz der Erde.* 2 Bände. Bonn.
10 Sommer, Jörg; Müller, Michael (2016): *Unter 2 Grad?* Stuttgart.
11 Wackernagel, Mathis; Beyers, Bert (2016): *Footprint. Die Welt neu vermessen.* Hamburg.
12 Schellnhuber, Hans-Joachim et al. (2016): »Why the right climate target was agreed in Paris.« In: *Nature climate change 6.*

13 Cline, William (2007): *Global Warming and Agriculture*. Washington DC.
14 Davis, Mike (2010): «Who will build the ark?" In: *New Left Review* vom Januar/Februar 2010.

IV. Gemeinsame Sicherheit 2022

1 Horkheimer, Max, Adorno, Theodor (1967): *Sociologica II*. Frankfurt.
2 Polanyi, Karl (1944): *The Great Transformation*. New York.
3 Elias, Norbert (1981): Über den Prozess der Zivilisation. Frankfurt.
4 Horkheimer, Max (1967): *Soziologie und Philosophie*. Frankfurt.
5 ITUC, CSI, IGB, Olof Palme international Center, IPB (2022): *Gemeinsame Sicherheit*. Berlin.
6 Palme-Bericht (1982): *Bericht der Unabhängigen Kommission für Abrüstung und Sicherheit*. Berlin.
7 UNO (1980): *Nord-Süd-Bericht*. New York.
8 UNO (1987): *Unsere gemeinsame Zukunft*. New York.
9 Bundesministerium für Umwelt (1992): *Beschlüsse des Erdgipfels von Rio de Janeiro*. Bonn.

167 Seiten
ISBN 978-3-86489-387-2
Auch als E-Book erhältlich

Das erste Opfer des Krieges ist die Wahrheit.

Schon im Ersten Weltkrieg zeigte sich das Phänomen, das für uns heute alltäglich geworden ist, und welches Arthur Ponsonby mit seinem weltbekannten Ausspruch zusammenfasste. Der steile Siegeszug der Propaganda, durch welche der Gegner entmenschlicht und die eigene Bevölkerung zum Krieg motiviert werden sollte, trieb nicht nur die jungen Männer in die Schützengräben von Verdun, sondern ebnete den Weg für die Schreckensherrschaft der Nationalsozialisten und die Informationskriege der Moderne. Die Ursprünge all dessen untersucht Ponsonby hier akribisch, sowohl am Beispiel seines Heimatlandes Großbritannien als auch den USA, Frankreich, Italien und Deutschland.

Ein Buch von erschreckender Aktualität.

464 Seiten
ISBN 978-3-86489-348-3
Auch als E-Book erhältlich

Ende des 20. Jahrhunderts sehen wir uns vermehrt neuen, postdemokratischen Regierungstechniken ausgesetzt, die Elemente der liberalen Demokratie mit denen totalitärer politischer Systeme verbinden. Das Streben nach Superpower und das Management von Demokratie haben zu diesem „umgekehrten" Totalitarismus geführt, so Sheldon S. Wolin. Den zentralen Unterschied zum klassischen Totalitarismus sieht er darin, dass diese postmoderne Form totaler Herrschaft auf eine weitreichende Entpolitisierung der Bevölkerung und auf weichere, kaum wahrnehmbare Unterdrückungsmechanismen setzt. Wer die zerstörerischen Auswirkungen dieser neuen Machtstrukturen auf unsere Demokratie erkennen und verstehen will, kommt an diesem Klassiker der politischen Philosophie nicht vorbei!